ENRICO ACERBI

VI RACCONTO AUSTERLITZ

La campagna, la battaglia, i luoghi e le truppe

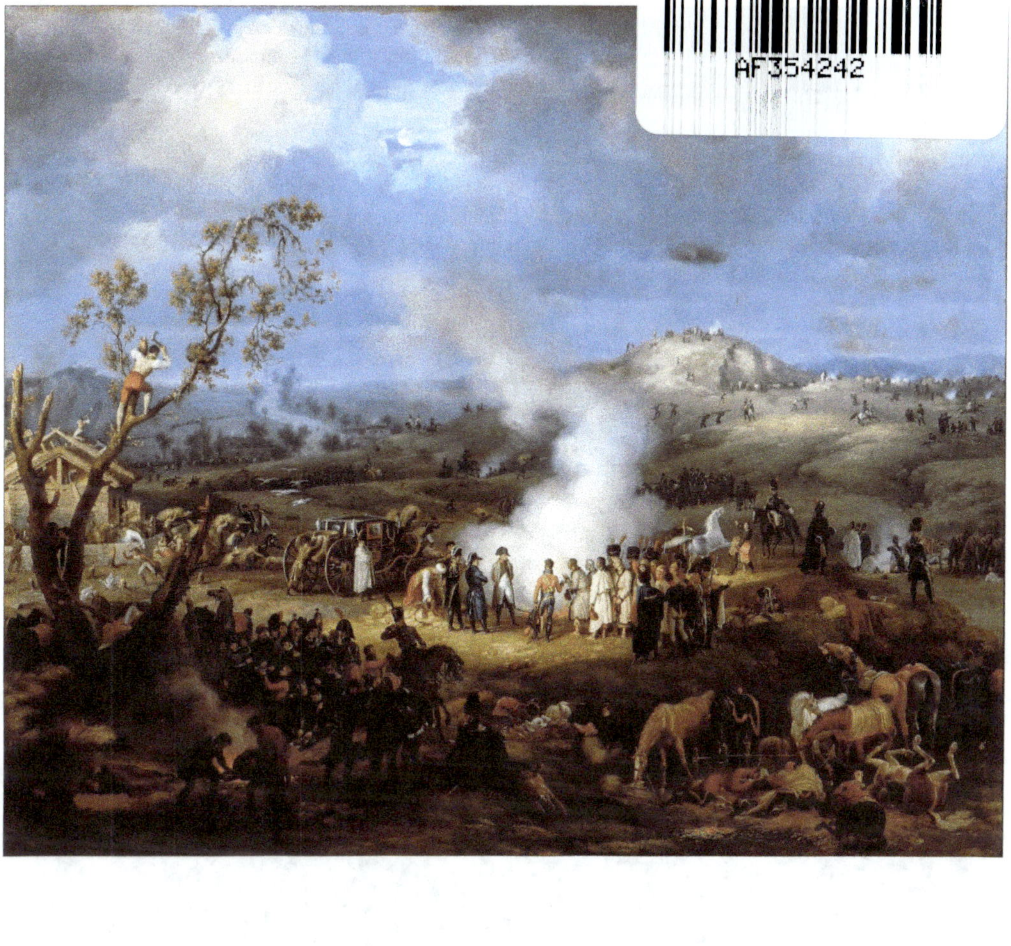

BATTLEFIELD 027

AUTORE

Enrico Acerbi nasce a Valdagno (Vicenza) il 13.8.1952; laureato in medicina, esperto in tossicologia, ha lavorato nell'ospedale locale, ora in pensione. Partner del Museo della Guerra di Rovereto, membro dell'Associazione Napoleonica d'Italia e storiografo della Grande Guerra. Enrico Acerbi ha sviluppato la passione per la ricerca storica sin dagli anni '90. Per cinque anni ha collaborato con il Center for Great War Studies di Asiago. Ha anche collaborato con la Comunità Montana di Arsiero come insegnante presso l'università popolare (corsi di formazione storica sulla prima guerra mondiale) e con la Comunità montana di Agno-Chiampo (ricostruzione delle fortificazioni fatte durante la Grande Guerra). Partner del Museo della guerra di Rovereto e membro fondatore del Gruppo di ricerca storica sulla Grande Guerra di Valdagno, attualmente impegnato nello studio della storia napoleonica in Veneto e in Italia. Illustratore grafico di articoli sulla storia napoleonica. Ha al suo attivo diverse pubblicazioni storiche per varie case editrici e vari titoli anche per Soldiershop!

NOTE EDITORIALI

LICENSES COMMONS

▲ Cattura dell'aquila di un reggimento francese da parte della Guardia russa, di Bogdan Willewalde

ISBN: 9788893278591   1a edizione Maggio 2022

VI RACCONTO AUSTERLITZ

Testo e tavole a colori di Enrico Acerbi

Editore: Luca Cristini Editore per i tipi di Soldiershop. Cover & Art Design: Luca S. Cristini.

La Battaglia di Austerlitz
Testimonianze e guida agli schieramenti

INTRODUZIONE - ANCORA AUSTERLITZ?

Già ancora Austerlitz. Ormai è stato detto e raccontato tutto di quella celebre battaglia, del 2 dicembre 1805, che rappresenta uno dei momenti apicali del "genio" di Bonaparte. La battaglia di Austerlitz è stata enfatizzata come la battaglia dei Tre Imperatori, l'ultimo dei quali, considerato in Europa un *"parvenu"* era proprio Napoleone. Fu una delle battaglie che ebbero l'onore di dare il nome ad una delle più importanti stazioni ferroviarie di Parigi, Gare de Austerlitz, per l'appunto; oltre a dare il nome anche ad un ponte sulla Senna, inaugurato nel 1807, in ferro e a pedaggio. Già queste banalissime considerazioni sono realtà testimoni di come il novello imperatore fosse rimasto compiaciuto della Campagna del 1805 e del suo esito finale.

A fronte dell'importanza dell'evento, possiamo testimoniare come, sulla battaglia, sia stato scritto in misura massiccia nel mondo, soprattutto in quello anglosassone, affascinato dallo scontro e dalle leggende ad esso legate; possiamo anche sottolineare come, su Austerlitz, sia stato fatto un piccolo film capolavoro di Abel Gance. Il film molto bello reca con sé anche alcune curiosità: nella scena in cui si vede il Primo ministro britannico William Pitt, nel suo ufficio londinese, circa agli inizi del 1800, se guardate fuori dalla finestra potete vedere le Houses of Parliament ed il Big Ben ben 60 anni prima della loro costruzione.

Si è già scritto tanto davvero, ma non molto in italiano, fatta eccezione per lo scorrevole volume di Sergio Valzania, (*Austerlitz. La più grande vittoria di Napoleone*, Mondadori 2017) che, si legge volentieri anche se, a mio avviso, già stona nel titolo; Austerlitz fu un grande azzardo, ma definirla la più grande vittoria di Napoleone sembra un po' riduttivo in confronto ad altri scontri come Rivoli e Marengo. In un questo senso, quindi, ho voluto portare un mio contributo a come è stata affrontata e giudicata quella battaglia, superando gli stereotipi tipo "la nebbia" ed il famoso "sole di Austerlitz", utilizzando fonti di diverse nazionalità e inserendo, laddove possibile, qualche testimonianza diretta di combattenti.

Aggiungiamo poi un ulteriore elemento di interesse: i luoghi. Il teatro di battaglia si trova in Repubblica Ceca, vicino a Brno (l'asburgica Brünn). Chi va in visita sui luoghi di battaglia, chi ci va per una rievocazione storica, forse è interessato a conoscere qual era l'esatto schieramento delle truppe e cosa rimane oggi da vedere in quei luoghi. Non ho voluto fare una guida al campo di battaglia (già ce ne sono) ma solo dare qualche indizio per rendere meno pesante la narrazione degli schieramenti, cercando di dettagliarli il più possibile.

La battaglia di Austerlitz non è stata una battaglia univoca, ma un dramma in tre atti, ricco di singoli scontri, alcuni dei quali atipici e sanguinosi, come la grande carica di cavalleria. Ci fu una battaglia d'arresto a nord che doveva essenzialmente tenere bloccate le Riserve francesi (secondo gli alleati) ovvero mascherare l'attacco decisivo nella parte centrale, rimasta poco difesa (secondo Napoleone).

A sud ci fu l'attacco in forze alleato, che doveva sconvolgere il fianco francese e farlo cedere di schianto (secondo il capo di Stato maggiore austriaco Weyrother) e che andò molto vicino ad ottenere il suo obiettivo, tanto da far temere che lo stesso Napoleone finisse per essere vittima della sua trappola. Tra l'altro, Weyrother, non fece altro che replicare, in forze, quello che lui stesso aveva steso, quale piano d'attacco, a Rivoli nel 1797: al tempo l'attacco sull'ala francese fu pensato per una sola colonna aggirante, mentre ad Austerlitz ce n'erano almeno tre, e molto forti.

Al centro si decise lo scontro, grazie all'attacco di Soult sul Pratzen, che finì per tagliare in due l'armata avversaria; un attacco dalla tempistica finemente calcolata da quell'abile ragionatore che era l'Empereur. Fu una bella vittoria, preparata sin dai giorni che la precedettero, in un crescendo di episodi, taluni simili a pezzi di una *piéce* teatrale.

Austerlitz, ancora oggi, possiede un notevole fascino. La rievocazione storica della battaglia, nel 2021, è stata cancellata per motivi di sicurezza sanitaria, e quella del 2020 è progredita sotto tono, sempre per motivi di sicurezza sanitaria. Nel 2018, tuttavia, l'ultima rievocazione in pompa magna, vide la ricostruzione della battaglia sotto la collina del Santon, con circa 1000 figuranti in uniforme, 60 cavalli e 15 cannoni, ed un altro scontro simulato presso il monumento della Pace. Non sono i numeri che si raggiungono a Waterloo, ma sono comunque notevoli.

Spero che questo piccolo volume sulla battaglia possa offrire qualche spunto d'approfondimento e rispondere a qualche curiosità, senza avere la pretesa di affiancare lavori di consistenza ben più solida.

▲ Foto del campo di Austerlitz con reenactors in uniformi francesi. Courtesy by Keith Redfern

I "SETTE TORRENTI" E UNA GRANDE ARMÉE

Austerlitz è una vittoria di Napoleone, tra le più fulgide della sua carriera e va capita partendo da lontano: sulle rive del canale della Manica dove l'armata francese era in addestramento in attesa di invadere l'Inghilterra e dove arriva la notizia della formazione dell'ennesima coalizione anti francese: la terza.

Il campo di Boulogne. Nel XIX secolo, l'Inghilterra è una grande potenza economica e politica e si oppone ai progetti d'espansione della Francia. Nel 1803, Napoleone decide d'organizzare un grande campo militare allo scopo d'invadere l'Inghilterra. È una sfida notevole. Sceglie il porto di Boulogne, sulla Manica, per installare il campo, in grado di accogliere da 150.000 sino a 200.000 soldati. Si fanno importanti lavori per scavare i bacini destinati al naviglio, e per costruire i baraccamenti alloggio per la truppa con nuove strade per la circolazione. I reggimenti si addestrano ad imbarcarsi e a sbarcare in buon ordine, il più rapidamente possibile. Il 16 agosto 1804, Napoleone visita il campi di Boulogne per una cerimonia collettiva di assegnazione della Legion d'Onore che è stata appena creata. Una folla di 100.000 uomini assiste alla cerimonia che durerà più di sette ore. Il progetto dell'invasione dell'Inghilterra è abbandonato in agosto 1805, dato che l'Austria si sta alleando con la Russia per entrare in guerra: Napoleone lancia sul campo la sua Grande Armée.

L'armata dell'invasione, che, in seguito, Napoleone chiamerà ufficialmente "*Grande Armée*", è organizzata in sette **CORPI d'ARMATA** (o Corpi, che saranno definiti poi come "*les sept torrents*", sette torrenti che fluivano sulle strade) comandati dai marescialli Bernadotte, Davout, Soult, Lannes, Ney, Augereau e Marmont. I Corpi faranno le campagne 1805, 1806 e 1807 (il 1° ottobre 1806 aggiunge-

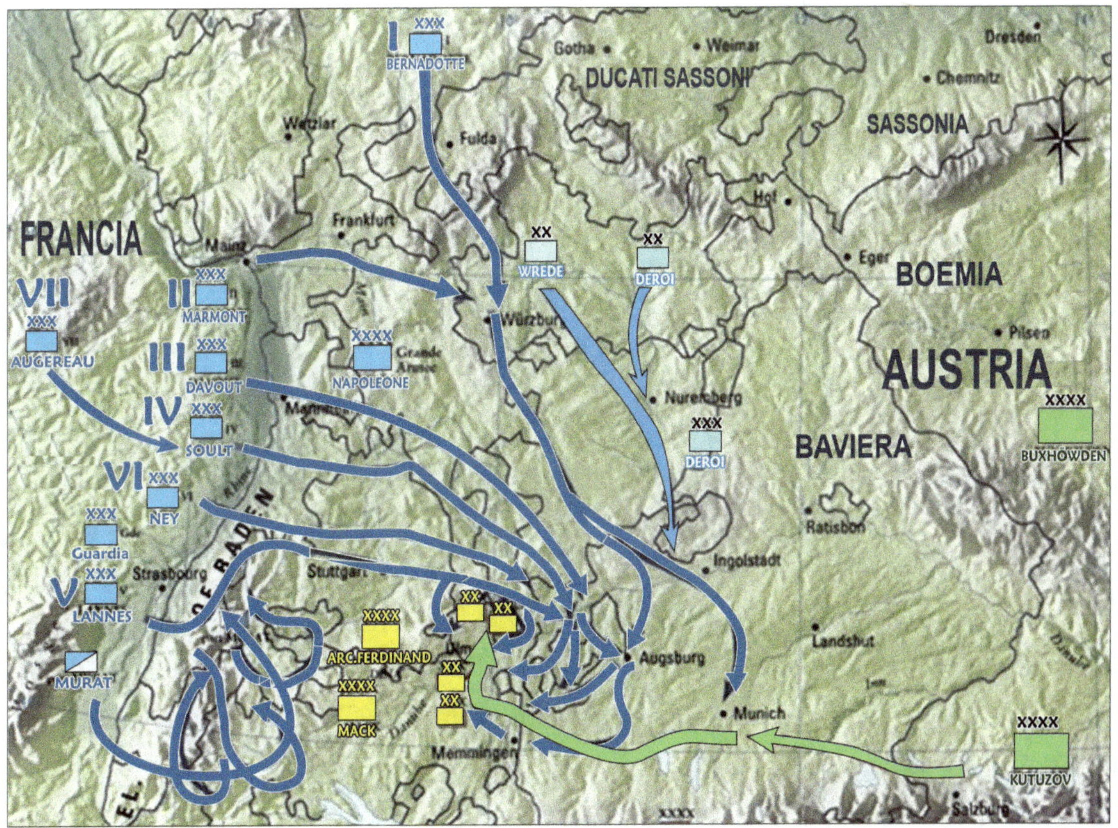

ranno un 8° Corpo di Mortier e anche un 9° composto da alleati bavaresi, badensi e wurtemburghesi – sotto il principe Jérôme Bonaparte; nel 1807 farà la sua comparsa anche il 10° corpo di Lefebvre). La prima Grande Armée, nata appunto nel 1805, sarà sciolta nel 1808. I Corpi sono definiti come "Sette torrenti" perché ognuno possiede un suo itinerario di marcia, che impedisce di impacciare il movimento degli altri e si auto approvvigiona in settori di territorio, diversi per ciascun corpo; marciano come lunghe interminabili colonne, come torrenti in piena, appunto.

I corpi sono una creazione di Napoleone Bonaparte del 1805, un'idea originata dalla memoria dei tre corpi dell'Armée de Réserve del 1800, destro, centrale e sinistro; tuttavia quelli, nel 1800, erano solo raggruppamenti di truppa, senza servizi, che restavano di pertinenza delle singole divisioni.

L'imperatore raggruppa le divisioni in grandi unità di fanteria, cavalleria ed anche artiglieria, creando gruppi sufficientemente piccoli ed agili per poter vivere delle risorse dei paesi occupati, grazie al fatto di seguire itinerari diversi, liberandosi pertanto di una logistica complessa e permettendo una grande mobilità. I Corpi, devono marciare, separati l'uno dall'altro da una **sola giornata di marcia**; pertanto, in caso di battaglia, possono anche concentrarsi in un punto decisivo, molto velocemente ed supportarsi a vicenda.

Qualcuno ha già sentito parlare del **Bataillon Carré**. In effetti è il modo di marciare dei Corpi che avanzano restando a sostegno l'uno dell'altro, separati da distanze non lunghe (il nome deriva da una lettera di Napoleone a Soult, del 5 ottobre 1806) La *Grande Armée* si muoveva in un immaginario quadrato (**carré**) di 50 km. Il modo opposto di marciare era rappresentato dalla **Marche Manoeuvre**.

Con il tempo i Corpi francesi (e prussiani) si struttureranno sul territorio (Corpi d'armata territoriali che includono le divisioni del Corpo stesso) rendendo più semplice la gestione della disponibilità immediata di ufficiali e rendendo rapida la mobilitazione in caso di guerra. I Corpi russi e austriaci, invece, erano e rimarranno unità create estemporaneamente all'inizio della guerra.

Per la prima volta nella storia militare un Corpo d'armata riunisce più divisioni sotto un comando unico. Sono sette piccole armate autonome al comando di un Maresciallo. I loro effettivi del 1805, ma saranno in costante aumento sotto l'Impero, sono i seguenti: da 25000 a 30000 uomini (nel 1812, nella campagna di Russia, saranno invece circa 81000 uomini ciascuno.

Corpi d'Armata della *Grande Armée* 1805 --- Il Corpo nasce da una esigenza logistica di rifornimento sul territorio, una piccola armata autonoma e tutti che seguono diversi itinerari, tuttavia tutti sono raggiungibili, a una giornata di marcia.

--- Ogni corpo d'armata comprende uno stato maggiore di una quarantina di ufficiali. Circa 100 amministrativi gestiscono Sanità, rifornimenti, posta e tesoreria.

--- L'apparato logistico tradizionale artiglieria, genio e treno rimane all'inizio alle divisioni.

--- il Corpo possiede due o tre divisioni di fanteria con la loro artiglieria (due batterie di sei pezzi e una di otto pezzi), una divisione o una brigata di cavalleria leggera e del treno.

Gradualmente però:

--- le divisioni perdono la cavalleria. Il Corpo può disporre della cavalleria come truppa di esplorazione e di schermo in attesa dell'arrivo delle truppe lente.

--- le divisioni assegnano parte dell'artiglieria al corpo, che si dota di un Parco pezzi e munizioni

--- le divisioni concorrono a formare il Genio di corpo.

Ogni corpo possiede da 4 a 2 divisioni. La divisione, detta così perché era una "fetta" di un'armata, è l'unità tattica per eccellenza, creata da Carnot ai tempi della Rivoluzione, comandata da un generale di divisione. Possedeva circa 5000-8000 uomini, come effettivi. Ogni divisione, prima del 1805, aveva la sua fanteria, la sua artiglieria, genio, treno e cavalleria. Ogni divisione corrispondeva ad un'analoga Divisione territoriale di Leva. I Corpi del 1805 hanno divisioni di fanteria con artiglieria e di cavalleria separate, ma in grado di cooperare. Il vantaggio del corpo d'armata sulla divisione è di essere più indipendente e più autonomo. È un esercito in riduzione - poiché riunisce tutte le tre armi - che si muove rapidamente. Di solito è facile raggruppare i corpi d'armata in un campo di battaglia.

Ai Corpo d'armata si aggiunge la Guardia Imperiale, ovvero la difesa personale dell'Imperatore. É comandata da quattro Marescialli e fatta di truppe d'élite. Nel 1805 aveva 12000 uomini (nel 1813 raggiungerà gli 81000 uomini). La Guardia aveva i propri reggimenti di fanteria, cavalleria, artiglieria, genio e treno; dal 1809, poi, la Guardia sarà anche suddivisa in Vecchia, Media e Giovane, in base all'esperienza in battaglia dei soldati ed al periodo di Servizio prestato. Quattro campagne militari sono necessarie per entrare nella Guardia fin dai tempi della Consolare del 1800.

I soldati vengono reclutati per coscrizione: tutti i giovani tra i 20 e i 25 anni devono tenersi pronti a partire per la guerra e sono sorteggiati. Per essere reclutato, un uomo deve essere sano e senza disabilità. I reggimenti riuniscono giovani uomini senza esperienza e vecchi soldati che hanno fatto diverse campagne militari. I soldati imparano in pochi giorni a camminare al passo, a obbedire agli ordini, a usare le armi e a prendersi cura del loro equipaggiamento. L'avanzamento si decide in base all'esperienza (ci vogliono 4 anni di servizio tra ogni grado per diventare capitano) e talvolta basta un fatto d'arma o un atto eroico.

La cavalleria è la punta di lancia della *Grande Armée*. La comanda un Maresciallo con circa 12000 effettivi (saranno 32000 uomini e cavalli nel 1813). Già è suddivisa in cavalleria pesante o di riserva (corazzieri e carabinieri), cavalleria di linea (dragoni) e cavalleria leggera (ussari e chasseurs à cheval).

LA TRAPPOLA MORAVA

La Storia (quella dei vincitori) ha stabilito che la battaglia di Austerlitz fu persa a causa di uno scriteriato piano vergato dal Capo di Stato maggiore austriaco Franz von Weyrother. Naturalmente saremmo ingenui a credere, che tutto si riducesse alla pessima applicazione del piano d'attacco austro-russo, come se i francesi non esistessero o fossero solo comparse di scena. Anche Napoleone, ovviamente, ha un piano; il suo piano. Nel caso del 1805 o della manovra di Olmütz (come in quella di Friedland) Napoleone opererà in modo da costringere l'avversario a commettere un errore sul campo di battaglia.

Dopo il disastro austriaco di Ulm, con la quasi totale scomparsa delle migliori truppe imperiali, il generale russo Kutuzov si porta oltre l'Inn e il Danubio per tentare di ricongiungersi alle due armate russe in avvicinamento: Buxhöwden e Bennigsen. Napoleone insegue, soprattutto per evitare la possibile unione degli Alleati con l'armata d'Italia dei due arciduchi Carl e Johann.

Il 29 ottobre Kutuzov indice un consiglio di guerra a Wels (in Austria, sul Traun) con l'Imperatore Franz II (titolo ancora del Sacro Romano Impero). Si decide di prendere tempo per attendere i due arciduchi, unirsi a loro a Sankt Polten, dove si prevede di dar battaglia sfruttando le alture del luogo. I francesi prendono, nel frattempo, Braunau e ne fanno una loro base d'appoggio. La loro avanguardia di cavalleria aggancia le truppe alleate in ritirata a Ried e Lambach, ma gli austriaci scappano bruciando i ponti sul Traun. Kutuzov, che teme un aggiramento da parte della cavalleria di Murat, il 5 novembre ha il primo scontro con la cavalleria francese (Amstetten) e la blocca, permettendo alle sue truppe di passare oltre il Danubio, a nord, quattro giorni dopo a Melk.

L'inseguimento di Napoleone entra in crisi per un'iniziativa imprevista di Murat, che, invece di custodire la riva sinistra del Danubio, si getta alla *gloriosa* conquista di Vienna. Sulla riva destra del fiume resta da solo il nuovo corpo di Mortier, poche truppe senza copertura. Kutuzov approfitta della situazione per devastare il malcapitato Mortier a Dürrenstein (Dürnstein). L'Empereur tuona e fulmina Murat, ma lo perdona in virtù dell'armistizio guadagnato occupando il ponte di Thabor (il più grande di Vienna). Lo rimanda tuttavia ad inseguire senza tregua Kutuzov, che schiera la sua retroguardia (Bagration) a Hollabrünn; in quella sede si scontrano russi e francesi il 15 novembre. Bonaparte ora riprende in mano l'iniziativa della campagna.

Qui Murat ne combina un'altra delle sue; aderisce alla richiesta di cessate il fuoco di Bagration, pensando fosse bene attendere di essere raggiunto dalle fanterie di Lannes e Soult, ma non si accorge che così facendo permette a Kutuzov di scappare ed allontanarsi di nuovo. Il 16 novembre, un messaggio rabbioso di Napoleone gli fa capire la stupidaggine commessa: *"Non ho parole per descrivere la mia irritazione. Voi comandate soltanto la mia avanguardia e non avete alcun diritto di fare armistizi senza consultarmi! Mi state facendo perdere i frutti di tutta la campagna [...] Gli Austriaci si sono fatti giocare nel passaggio del ponte di Vienna, voi vi siete fatto menare per il naso da un aide de camp!"*

Il mortificatissimo Murat decisamente ha alternato il suo meglio con il suo peggio. Desideroso di riscatto attacca immediatamente Hollabrünn ma incontra un'accanita resistenza. Nel frattempo, Kutuzov è riparato ad Olmütz dove si congiunge ai 40.000 uomini di Buxhöwden (con lo Zar in persona). Napoleone ora si trova a più di 700 km dalle sue basi logistiche, a Vienna, con la prospettiva di dover affrontare un'armata alleata di 85.000 uomini.

Il tempo depone a favore degli austro-russi, che possono ricevere ulteriori rinforzi o, addirittura, attendere la fine dei dubbi prussiani, la cui neutralità si fa ogni giorno più flebile. Napoleone deve agire con prontezza e rapidità. Dopo aver abbandonato la tattica dell'inseguimento affannoso si prende una pausa, "lascia passare il suo turno". Ormai ha capito che inseguire una vecchia volpe come Kutuzov non sono non è efficace, ma lo porterebbe sempre più lontano dalle sue basi logistiche, nel cuore di un'Europa ostile e sotto la possibile minaccia di 150.000 prussiani mobilitati. Nella sua mente si fa strada *"la macchinazione di Austerlitz"*, l'inganno che si rivelerà fatale per il nemico che sta rifiatando. La soluzione francese consiste nel forzare gli avversari a riprendere l'offensiva su un fronte, che permetta all'Empereur di concentrare le proprie forze in quel settore, grazie all'uso del Bataillon Carré, ricavandone una vittoria decisiva. Infatti, dopo aver occupato Brno, il 20 novembre, farà frequenti ricognizioni nella zona degli stagni, distante una ventina di km. Ai suoi accompagnato dirà: *" Guardate bene questo terreno ! Diverrà un campo di battaglia. Qui dovrete fare bene la vostra parte."*

L'Empereur immagina che un accordo segreto tra Coalizione e Prussiani giochi contro di lui. Lo Zar Alessandro, in effetti, è riuscito a convincere Federico Guglielmo III di Prussia a siglare l'accordo (3 novembre 1805) a Postdam; secondo il patto la Prussia s'impegna ad entrare in guerra entro un mese se la Francia dovesse rifiutare le proprie condizioni di "mediazione". Il suo ingresso in guerra porterebbe all'invasione della Boemia con un'armata forte di circa 150.000 uomini; una situazione drammatica per Napoleone. Inoltre ogni giorno che passa, aumenta la possibilità di rinforzi austro-russi: come suggerito dal principe Czartoryski e dallo stesso Kutuzov , se la Coalizione si fosse ritirata ancora più ad est, si sarebbe potuta congiungere, in Ungheria, con le forze degli arciduchi Johann e Carl, che stavano ripiegando in quella direzione alla testa di altri 80.000 uomini.

Napoleone stabilisce il suo Quartier generale il 20 novembre a Brünn, 65 km a sudovest di Olmütz; di là mette in scena una pantomima che durerà vari giorni. Improvvisamente ordina alla sua cavalleria di far prova di timidezza e di rifiutare qualsiasi combattimento contro gli austro-russi; tende un tranello decidendo di fare, il 21 novembre, un avamposto avanzato di cavalleria, senza sostegno di fanteria o cannoni, attorno al villaggio di Wischau, a metà strada tra Brünn (Brno) ed Olmütz (Olomouc).

Così, mentre i curati annotano la loro rabbia nei taccuini, le brigate di cavalleria d'avanguardia di Treilhard e di Milhaud, che si piazzano a Wischau, ricevono ordini di non allontanarsi più di due leghe (8 km) da quel villaggio. Il loro unico appoggio sono i dragoni della divisione Walther ,che stanno al Quartier generale di Murat a Rausnitz (15 km ad est di Brünn e 5 km a nord di Austerlitz) con gli *chasseurs à cheval* di Margaron che fanno da collegamento tra i dragoni di Walther e le divisioni di fanteria Legrand, Saint-Hilaire e Vandamme. Lannes ed il V corpo sono più dietro tra Brno, dov'è accantonata la Guardia, e Bellowitz. La ghiotta esca attira presto la cavalleria russa. Il 25 novembre un primo attacco respinge gli Ussari francesi, presto supportati dai dragoni di Walther che ristabiliscono l'ordine nell'avamposto di Wischau. Il parziale successo, tuttavia, eccita lo Zar che, nonostante i consigli di Kutuzov, volti ad impedire un impegno in battaglia alle sue stanche truppe, con l'avvallo dell'Imperatore austriaco, cede alle sirene dell'offensiva. Così si accende uno scontro tra cavallerie opposte.

Kutuzov è scavalcato dal favorito dello Zar, il giovane principe Dolgoruki (e dal meno giovane, 51 anni, capo di Stato maggiore austriaco Franz von Weyrother). Il piano di sfilare verso l'Ungheria in cerca di rinforzi è bocciato a favore di un nuovo piano d'attacco. Lo Zar, infatti, ritiene di poter attaccare la Grande Armée che pensa dispersa e demoralizzata. La scaramuccia del 25 novembre non fa che rafforzare il suo pensiero.

A conforto dell'idea materializzata nella mente dell'Imperatore russo, Napoleone gli invia, in missione, il suo aide-de-camp, generale Savary, con una lettera di complimenti che scrive la *"sua ambizione di guadagnare la Sua amicizia"* .

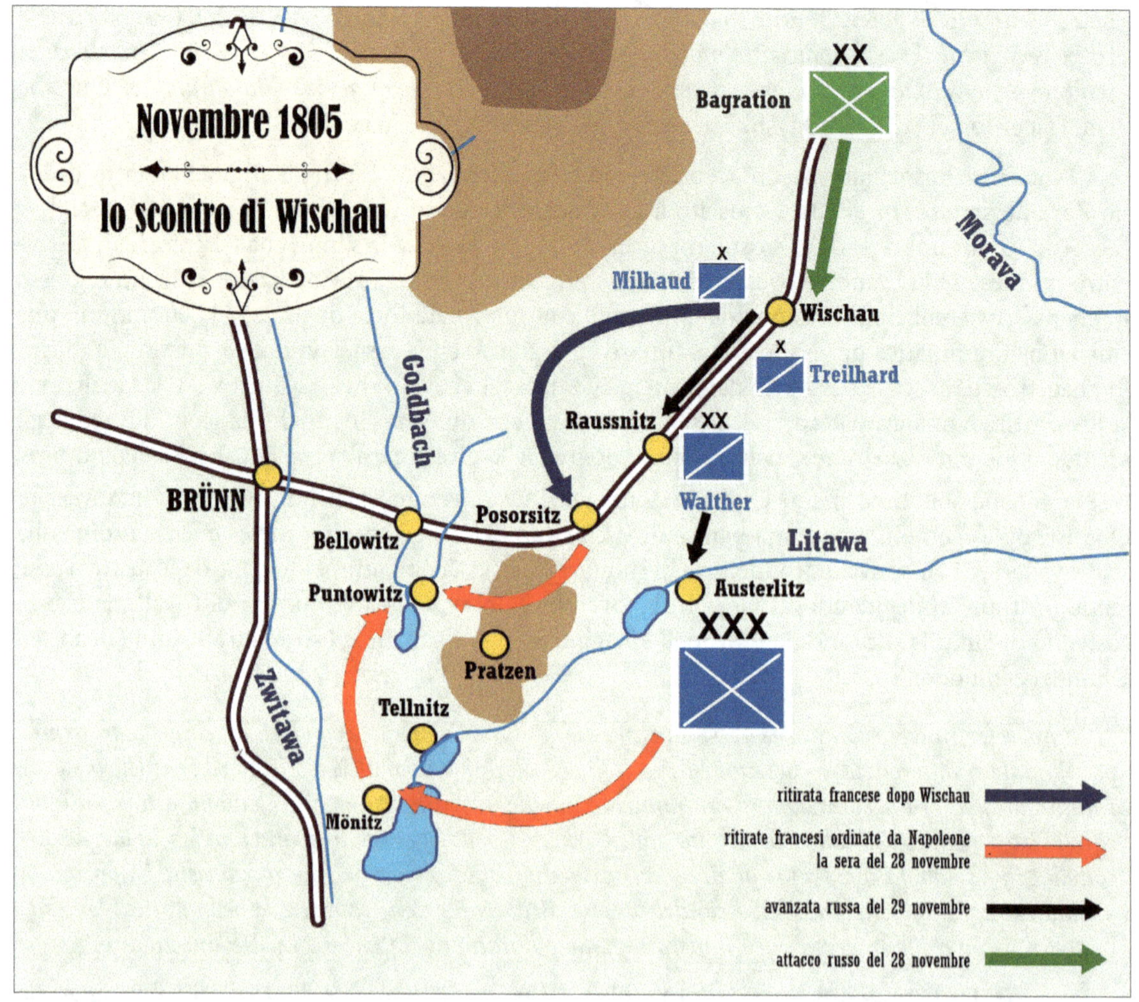

Siamo in presenza della parte diplomatica della "trappola morava" e Napoleone si vuol mostrare sulla difensiva. Savary, specialista d'Intelligence (è il diretto superiore dell'agente Schulmeister, da poco nominato commissario generale di Polizia a Vienna), ne approfitta per collezionare informazioni sulla forza e suoi movimenti austro-russi. Arrivato 4 km oltre Wischau, Savary, attraversa le linee russe e viene scortato a Olmütz. Alle 8 di mattina del 26 novembre è ricevuto dallo Zar, mentre le truppe della Coalizione sembrano iniziare a muovere verso sudovest. Lo Zar legge la lettera e risponde in termini vaghi e dilatori. Al suo ritorno Savary informa Napoleone di quanto ha osservato, dei giovani ufficiali che circondano lo Zar, ansiosi di "cogliere il lauro della gloria contro il drago rivoluzionario". L'Empereur capisce che l'inganno sta funzionando e rinvia Savary per chiedere un colloquio con lo Zar e, senza aspettare la risposta russa. mette in allarme Davout a Vienna. Bonaparte pensa di dover aspettare almeno 48 ore prima di iniziare un combattimento in ritirata verso i propri rinforzi.

Nel frattempo l'armata della Coalizione si è mossa. Guida l'avanguardia l'eroe di Hollabrünn, principe Bagration, georgiano (grazie al compaesano Stalin, darà il suo nome alla parte nord di Preussisch-Eylau) . Avanza su tre colonne: una sulla strada, le altre due sui lati della strada allo scopo di circondare la posizione di Wischau. Sono gli Ussari di Treilhard, coadiuvati dai Dragoni di Walther, a tenere duro; tuttavia si rende necessaria una ritirata per l'arrivo di una trentina di squadroni russi. Il principe Dolgoruki, quello che vuole la gloria in attacco, guida la carica sotto gli occhi dello Zar, catturando un centinaio di francesi. La sera del 28 novembre, i Russi occupano Wischau e Murat, accantonato tra Wischau e Raussnitz, si ritira su Posorsitz dove stabilisce il nuovo Quartier generale.

La richiesta di un colloquio di Napoleone arriva puntuale ad incitare gli austro-russi a riprendere l'offensiva. Di fatto la situazione è ancora migliore di quanto Bonaparte possa immaginare: la Coalizione ha già deciso di attaccare la destra francese per bloccare la strada per Vienna. Alessandro I ha deciso di portare sulla sua sinistra tutti i corpi che inizialmente stavano alla sua destra durante la marcia da Olmütz a Wischau. La precipitosa ritirata francese da Wischau e le richieste di Savary hanno fatto cambiare idea allo Zar sulla possibilità di aggirare a nord l'ala sinistra avversaria, per una più facile manovra sulla destra nemica.

Dando l'impressione di temere una disfatta, Napoleone accentua le sue operazioni di ritirata ordinando il ripiegamento generale ad ovest del Goldbach. Sotto copertura di questa ritirata, in effetti, l'Empereur sta già schierando le sue truppe a battaglia. Dopo una lunga ispezione tra Posorsitz ed Holubitz, un po' più a sud, la sera del 28 novembre Bonaparte si ferma alla Vecchia Posta di Posorsitz dove scrive i suoi ordini: Soult deve evacuare il villaggio di Austerlitz e ripiegare ad ovest del Goldbach lungo la vallata del Littawa; il V corpo di Lannes deve rimanere sulla strada per Olmütz ad ovest di Bellowitz, con vicino la Guardia e la cavalleria di riserva di Murat. Così Napoleone può contare su 58000 uomini contro circa 75000 austro-russi. Se dovessero attaccare il 29, Napoleone deve condurre una battaglia di resistenza, in attesa dell'arrivo dei corpi di Bernadotte e Davout, che hanno ordine di puntare su Brno.

"Una curiosità. Dopo il ritiro di Kutuzov e la presa della città da parte dei soldati di Napoleone il Maresciallo Lannes prese alloggio nell'edificio del Mercato delle verdure a Brno. Purtroppo dalla sua finestra non aveva un bel panorama. Il Mercato delle verdure, diventava, a quel tempo un immenso macello sanguinoso e puzzolente. I Francesi chiedevano alla città, quotidianamente, un tributo di 26000 libbre di viveri, il che corrispondeva, più o meno, a 23 vacche. I contadini portavano le loro bestie in piazza, dove i Francesi le abbattevano seduta stante. All'epoca, l'attenzione per le norme igieniche era molto scarsa, per cui i miasmi e gli odori del bestiame abbattuto, penetravano quasi tutta la città. Per la precisione la popolazione locale doveva dare agli occupanti 5000 paia di scarpe e, ogni giorno, 26000 libbre di viveri (più o meno 11,8 tonnellate), 20000 pagnotte e 14000 d'aveva o di fieno. Va detto che questo tipo di requisizioni alimentari nei territori stranieri era piuttosto comune all'epoca, anche negli altri eserciti ."

Il 29 novembre Savary trasmetta una domanda di negoziato d'armistizio ma, questa volta Alessandro si rifiuta di riceverlo ed incarica il principe Dolgoruki di rappresentarlo. Per lo Zar è chiaro che Napoleone non vuole combattere. La sera del 29 Dolgoruki incontra l'Empereur presso gli avamposti vicino a Posorsitz. Quell'incontro, descritto da Savary, è la chiave di tutte le strategie psicologiche della *"trappola morava"*. Nonostante i toni arroganti di Dolgoruki, che fanno fremere di sdegno gli ufficiali francesi presenti al colloquio, Bonaparte sonda tranquillamente il suo interlocutore che sciorina le richieste della Coalizione: *"Sì alla Pace se la Francia abbandona la riva destra del Reno, l'Italia e il Belgio e se, prima, abbandona Vienna ritornando dietro al Danubio, lasciando l'Austria."*

Dopo aver congedato Dolgoruki e le sue richieste insultanti, Napoleone lascia esplodere la sua rabbia facendo schioccare la frusta, ma la recita è riuscita. Il principe russo riporterà allo Zar che *"Napoleone tremava dalla fifa"* e che era sufficiente *"Un'avanguardia per batterlo."* Obiettivo raggiunto: gli austro-russi avevano accettato di attaccare in battaglia.

Dopo aver ordinato a Soult di evacuare Austerlitz e di schierarsi ad ovest del torrente Goldbach, il 30 novembre, Bonaparte scrive: *"Se volessi impedire al nemico di aggirare la mia destra, mi piazzerei su quelle belle alture (il Pratzen Ndt.) e ne avrei una normale battaglia; in effetti avrei il vantaggio della posizione ma ... se il nemico ci vedesse così ben schierati non potrebbe commettere alcun errore."*

È quindi intento dell'Empereur, dopo aver ingannato gli avversari, costringerli a commettere errori fatali; non lo potrebbe fare se non abbandonasse le alture di Pratzen. In pratica esporrà il suo fianco inerme, invogliando gli austro-russi ad approfittarne. La ritirata della Grande Armée del 29 novembre provoca i suoi immediati effetti. La Coalizione occupa Austerlitz quella sera stessa, per la notte i due Imperatori sono al Castello.

Il giorno 30 novembre i Francesi fortificano la collina, detta, del Santon, e la occupano con il 17° leggero, lo stesso reggimento che aveva difeso monte Negino nel 1796, quando era una mezza-brigata, allo scopo di dissuadere Bagration ad attaccare frontalmente a nord; Bernadotte sta arrivando a Brünn da Iglau, dopo una marcia di 70 km.

Davout, intanto, ha lasciato Vienna alle 9 di sera ed ha già percorso i 70 km che separano la capitale da Nikolsburg. Deve ripartire nella notte per fare gli ultimi 40 km ed arrivare la sera del 1° dicembre a sud di Brno (mancherà la brigata Gudin, che è rimasta a Pressburg-Bratislava, ad una giornata di marcia supplementare che, a dire di Davout *"avrebbe dovuto tirare fuori gli stivali delle sette leghe"* per arrivare a tempo). Le colonne austro-russe avanzano lentamente e, nella giornata del 1° dicembre, occupano le alture del Pratzen. Per tutta la giornata sfilano sull'altopiano, facendo esclamare all'Empereur, rivolto a Ségur: *"Che movimento vergognoso! Stanno cadendo in trappola! Si danno a me! Prima di domani sera quest'armata sarà mia!"*

Bonaparte non cessa, ancora, di ricorrere ad altri tranelli, ordinando a Bernadotte e Davout di sostare fuori dalla vista del nemico, il primo ad ovest di Brno e il secondo a Raygern. La sera del 1° dicembre, la linea francese presenta un andamento obliquo, con la sinistra in avanti, e sembra in assetto difensivo.

La notte precedente la battaglia Napoleone moltiplica le sue vedette inviate in ricognizione, per essere sicuro che gli avversari stiano entrando nella tagliola, da lui creata. La battaglia d'Austerlitz inizia a configurarsi molto simile a quella di Castiglione (1796); un'ala è stata opportunamente indebolita per invogliare il nemico all'attacco (allora era stata l'ala sinistra, stavolta è la destra) e due Corpi stanno per intervenire a sorpresa (il III corpo di Davout ed il I di Bernadotte; a Castiglione erano stati Despinoy e Serurier).

I PIANI DI AUSTERLITZ

Com'erano gli ordini originali dell'Empereur? Con buona pace di Franz von Weyrother è abbastanza opportuno pensare che fossero stati gli ordini francesi a poter essere determinanti per l'esito della battaglia. Il 21 novembre, l'Empereur parte da Brno per una ricognizione personale alle alture del Pratzen; non sarà l'unica. Non è ancora convinto di come, e dove dare battaglia, poiché non sa se sarà in grado di concentrare le forze in tempo. Ordina a Davout, di conseguenza, di portarsi a Vienna con Friant e d'inviare Gudin a Pressburg.

Il 27, sino alla sera del 28 novembre, dopo l'affare di Wischau, Napoleone si porta a Posoritz ad osservare direttamente l'ordine di battaglia avversario. Porta con sé, alla Vecchia Posta di Posoritz, i suoi Marescialli. Si dice che prima della consultazione, i subordinati di Napoleone, probabilmente, hanno una discussione. I marescialli Murat e Soult, persuadono il maresciallo Lannes, il più in confidenza con l'imperatore, a consigliare la ritirata a Napoleone su posizioni più difensive. Lannes inizialmente si rifiuta, ma dietro l'insistenza degli altri due marescialli scrive una lettera personale all'imperatore. Prima che la lettera sia finita, arriva Napoleone stesso alla stazione di posta, legge la lettera e aggiunge: *"Il maresciallo Lannes vuole indietreggiare?"* Soult risponde: "In questo modo, Sire, il quarto corpo d'armata raddoppierà le sue forze." Lannes, pensando che Soult lo facesse passare per codardo e che volesse solo compiacere Napoleone, scoppia in collera, trattando Soult da *"bastardo"* e continuando con le seguenti parole: *"questi due mi hanno persuaso a scrivervi la lettera"*. Napoleone sorvola sulla violenta disputa, in cui Lannes ha offeso Soult (voleva convocarlo a duello) e, alla fine, dà ragione ai tre, ordinando una prudente ritirata verso Brno.

Il 29 novembre, Napoleone, ha un colloquio con la delegazione dello Zar, fatto che gli consente ulteriori annotazioni. La sua armata forma un triangolo con il vertice settentrionale avanzata verso est e la base tutta in direzione ovest, un classico ordine obliquo che consente al vertice di bloccare un'eventuale attacco in direzione di Brünn, mentre l'ala destra è teoricamente disposta per colpire sul fianco un'armata che avanza. Come detto, la Coalizione, alla fine, sposta le sue truppe di destra sulla sinistra della strada e, quindi, si appresta ad entrare nel dispositivo ideato da Bonaparte. Il 30 novembre l'Empereur ispeziona i lavori sul Santon e si porta di nuovo sul pianoro del Pratzen ad osservare l'avvicinamento nemico; dal villaggio di Pratzen si porta fino ad Augezd ed annota mentalmente la geografia della parte sud del campo di battaglia.

Nel frattempo gli avversario mettono in essere il celebre piano Weyrother.

" Molti generali arrivano a Krenovitz, nei pressi di Austerlitz, il primo giorno di dicembre. Quel giorno gli abitanti del paese ricevettero l'ordine di lasciare immediatamente le loro case. Tutti obbedirono tranne un certo Jakub Fuks che si nascose in una cantina, dove rimase fino alla fine della battaglia in allegra compagnia. Quando gli spari cessarono, uscì dallo scantinato. Fu molto sorpreso nel vedere i russi fuggire verso Austerlitz e Vážany. Non avevano avuto nemmeno il tempo di raccogliere i loro zaini, lasciati a Krenowitz prima della battaglia. Ma gli abitanti del paese non li lasciarono certo a terra e si attrezzarono con zaini in pelle russi, i loro accessori favoriti dopo la battaglia e per lungo tempo."

Quanto al piano, il generale Kutuzov non era troppo entusiasta dell'idea di Weyrother, (il Capo di Stato maggiore austriaco Franz von Weyrother ideatore del piano di battaglia dell'esercito alleato). Il comando russo lo aveva richiesto come ufficiale di collegamento perché conosceva bene il territorio di Austerlitz. Weyrother presenta ai due imperatori le disposizioni, pensate il 28 novembre durante il loro soggiorno a Vyškov. Bisognava però, ancora, trasmettere il piano ai comandanti in subordine alleati. A partire dalle otto di sera la stanza cominciò a riempirsi di ufficiali. Weyrother srotolò sulla tavola una mappa dettagliata del campo di battaglia. Poi si mise a spiegare, con espressioni trionfalistiche, il suo piano; nel quale, per altro, aspettava l'arrivo dei rinforzi sotto il comando dell'arciduca Carlo, il fratello minore dell'imperatore austriaco. Dopo la lettura dicono scrutasse ufficiali e generali, come l'insegnante indaga sui volti dei propri studenti, quando finisce la spiegazione. Uno dei generali presenti, noterà che davvero gli aveva ricordato i suoi anni scolastici. *"Leggeva ad alta voce con una tale soddisfazione che indicava la più profonda convinzione delle sue capacità e della nostra incompetenza. Si comportava come un insegnante che dava lezioni ai suoi studenti. Kutuzov, seduto si era già addormentato e russava in modo sonoro, quando ce ne andammo."* Weyrother, quindi, non è stato in grado di catturare l'attenzione dei suoi "allievi". Quando Kutuzov si risveglia, commenterà che l'unica opzione praticabile era quella di non dare battaglia al nemico. Ritiene, non avendo precise notizie dell'armata dell'arciduca Carlo, che la posizione sull'altopiano del Pratzen sia molto vantaggiosa per chi difende. Tuttavia il piano Weyrother alla fine è accettato ma, altro problema non da poco, la sua traduzione, dal tedesco al russo, impiegherà troppo tempo ad arrivare ai reparti; la maggior parte dei generali ottennero le istruzioni solo alle sei del mattino.

Durante la battaglia emergeranno i punti deboli del piano alleato e si mostreranno abbastanza rapidamente. Weyrother non aveva calcolato che i francesi avrebbero stabilito la loro difesa sul Goldbach (Zlatý Potok) e che, invece dell'apparente ripiegamento, sarebbero passati all'attacco. Egli non aveva minimamente considerato che l'esercito russo non era così flessibile da adattarsi, rapidamente, ad una situazione in costante cambiamento sul campo di battaglia. Il comandante in capo dell'esercito russo Kutuzov aveva dubitato della strategia adottata fin dall'inizio, ma i suoi suggerimenti non furono ascoltati. Forse la sua dormita non aveva convinto nessuno. Sei settimane dopo la battaglia l'imperatore Franz disse all'ambasciatore russo Razumovski: "Ciò che vi sorprenderà è che, anche ora, non conosco ancora il Piano di questa battaglia."

Napoleone, nel frattempo, é ancora incerto sull'ora d'inizio dell'attacco nemico, ma dopo aver osservato le colonne avversarie portarsi sul Pratzen, il 1° dicembre, appare più sereno. Ha, infatti, intuito la manovra austro-russa, ovvero la discesa dal Pratzen, l'attacco alla sua ala destra ed ha ordinato due attacchi sul fianco: il minore a sud, fatto da Davout contro il fianco sinistro della Coalizione, uno maggiore a nord, fatto con il grosso dell'armata contro il fianco destro austriaco. Ha previsto una enorme morsa che avrebbe schiacciato il nemico che avanzava. Già nella giornata del 1° dicembre le forze della Coalizione muovono il grande corpo del generale Buxhöwden, formato da quattro colonne: tre russe, Dokhturov, Langeron, Przbishevski e una austriaca al comando di Kienmayer. Mentre avanzano lentamente dal Pratzen, verso il Goldbach, si arrestano tra i vecchi vigneti (Staré Vinohrady) ed il pendio a ovest di Hostieradek. Per parte della giornata marcia con loro anche il grosso corpo del generale Liechtenstein che ad un certo punto si trova a bivaccare tra due colonne russe, totalmente fuori squadra ed oltre il punto lui assegnato dallo schieramento austro-russo, dicono a causa di una cattiva traduzione dal tedesco degli ordini (ma Liechtenstein non lo sapeva il tedesco?); la sua posizione sarà corretta durante la notte.

A nord il principe Bagration si appoggia al villaggio di Posoritz, controllato, a distanza, dalla cavalleria del generale francese Margaron, ora aggregata al corpo di Soult. La Guardia imperiale russa si ferma nel villaggio di Krenowitz, quello della riunione. La vigilia della battaglia alleata non presenta buoni auspici. Ne racconta uno il principe Czartoriski. "*Qualcuno fece notare che il giorno seguente (20 novembre o 2 dicembre per noi) era Lunedì, giorno considerato jellato in Russia. Così,*

nel momento in cui l'imperatore (lo Zar) stava passando, a cavallo, su una gobba erbosa, il suo cavallo scivolò e cadde, sbalzandolo di sella a terra. Non era nulla di grave ma da alcuni fu ritenuto un pessimo presagio."

Alle 8 e mezza di sera, Napoleone, redige le **"Dispositions générales pour la journee du 11 frimaire"**: *"il signor Maresciallo Soult darà disposizioni affinché le sue tre divisioni si schierino oltre il burrone, alle sette di mattina, in modo da essere pronte a cominciare la manovra della giornata, che sarà una marcia in avanti per scaglioni* (i battaglioni affiancati in parallelo o lievemente sfasati. ndT) *con l'ala destra avanzata […], Sua Altezza il Principe Murat darà ordine […] che le divisioni siano schierate, alle sette del mattino, tra la sinistra del maresciallo Soult e la destra del maresciallo Lannes, in modo da occupare il minor spazio possibile, e perché, nel momento in cui il maresciallo Soult si metterà in marcia tutta quella cavalleria […] passi il torrente che si trova al centro dell'armata. Si ordina al generale Caffarelli di portarsi alle sette del mattino, con la sua divisione, a destra della divisione Suchet, dopo aver passato il torrente. La divisione Suchet si formerà su due linee, la divisione Caffarelli si formerà lo stesso su due linee, ciascuna brigata formando una linea, pertanto la posizione che attualmente occupa la divisione Suchet sarà sufficiente per ambedue le divisioni. Il maresciallo Lannes avrà cura che le due divisioni siano sempre dietro la collina in modo da non essere osservate dal nemico. Il signor Maresciallo Bernadotte, con le sue due divisioni di fanteria, si porterà alle sette del mattino, sulla stessa posizione occupata oggi dalla divisione Caffarelli, tranne che la sua sinistra starà dietro al Santon, e rimarrà in colonna per reggimento. Il signor maresciallo Lannes ordinerà alla divisione di Granatieri di portarsi davanti alla posizione attuale, con la sinistra dietro alla destra del generale Caffarelli. Il generale Oudinot farà ricognizione sui luoghi dove dovrà passare il torrente, lo stesso che avrà passato il Maresciallo Soult. Il signor Maresciallo Davout, con la divisione Friant e la divisione di Dragoni del generale Bourcier, partirà alle cinque di mattina dall'abbazia di Raygern, per agganciarsi alla destra del Maresciallo Soult . […] Alle sette e mezza del mattino i signori Marescialli si troveranno a rapporto dall'Imperatore, presso il suo bivacco per avere nuovi ordini, secondo i movimenti fatti dal nemico durante la notte […] Fino a nuovo ordine tutte le truppe resteranno nelle disposizioni indicate. Dato che la cavalleria del signor Principe Murat dovrà occupare meno spazio possibile, si metterà in colonna. […] Ciascuno dei signori Marescialli trasmetterà gli ordini che lo riguarda, che siano conformi a queste disposizioni."*

Si noti come le *"Dispositions générales"* siano scarne ed essenziali. Napoleone indica ai suoi Marescialli la posizione da occupare alle sette del mattino e lo spazio da utilizzare, rinviando al briefing delle sette e mezza ogni ulteriore sviluppo. Gli ordini dell'Empereur contrastano con i minuziosi dettagli proposti dal piano nemico di Franz von Weyrother. Il capo di Stato maggiore, che ha ideato l'offensiva, propone addirittura obiettivi tattici per ciascuna colonna austro-russa. Il diverso approccio fa intuire quali fossero le diverse filosofie dei due Stati maggiori. Weyrother immagina un nemico immobile e senza alcuna cognizione della tattica di battaglia, Napoleone evita di appesantire gli ordini con dettaglia tattici, lasciando aperte le possibilità a diverse situazioni.

Questo non significa che Napoleone non desse consigli tattici ai suoi sottoposti. Il 26 novembre così istruiva Soult su come affrontare i russi ma, sapendo che ogni cosa non sempre riesce a priori aggiunge all'ordine un *"autant que faire se pourra"* (ammesso che si possa fare); alla fine poi davvero, Soult non potrà seguire quei consigli. L'ordine del 26, tuttavia, è un chiaro esempio di quello che poi sarà ribattezzato *"ordre mixte"*. Secondo questa istruzione ogni brigata si sarebbe dovuta schierate con il suo primo reggimento in battaglia (vale a dire in linea), il secondo reggimento in colonne serrate per divisioni. L'artiglieria sarebbe dovuta stare tra i due battaglioni del reggimento in battaglia, con qualche pezzo posto sulle ali dello stesso reggimento, a destra e a sinistra. Gli squadroni di cavalleria si sarebbero schierati dietro ciascuna brigata per *"poter passare attraverso gli intervalli, inseguire i nemici e far fronte ai cosacchi"*. È un chiaro esempio di cosa intendesse Napoleone per coordinamento tra varie armi, avendo a disposizione sia la potenza di fuoco, sia la mobilità; rivolto

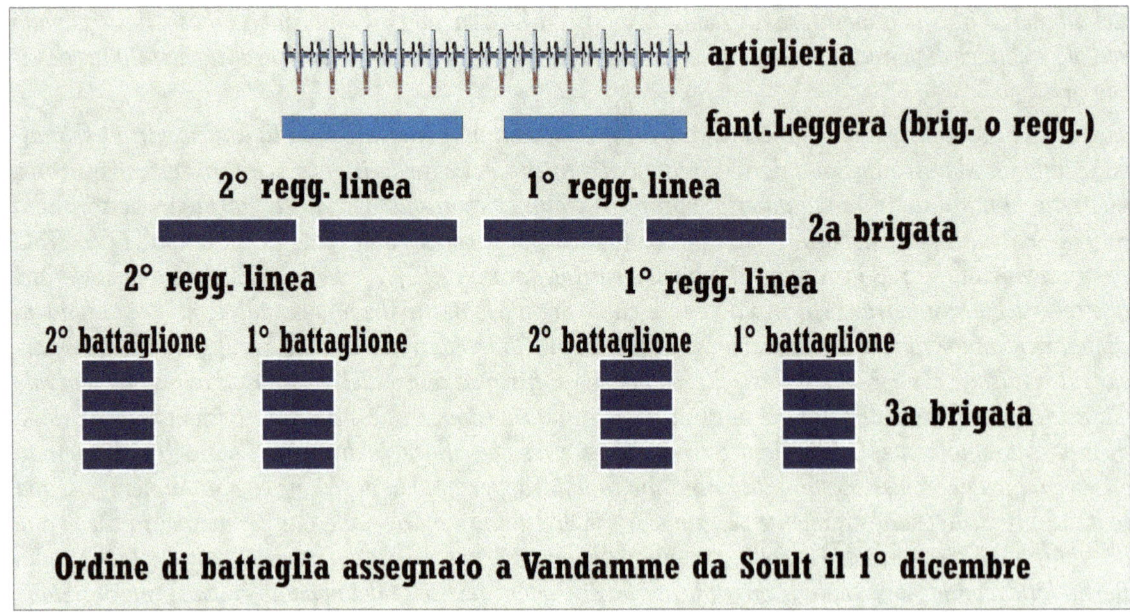

a Soult aveva aggiunto: *"Con questo ordine di battaglia vi troverete a poter fronteggiare il nemico sia con il fuoco della linea, sia con le colonne da opporre alle sue."*

Il 1° dicembre 1805, nelle sue istruzioni al generale Vandamme, Soult adatterà molto liberamente i consigli imperiali precisando il ruolo della fanteria leggera: *".. che si terrà cento passi davanti alle due brigate, che si formeranno in battaglia per la prima linea ed in colonna di battaglione per la seconda linea."* Il mattino della battaglia poi, Soult, darà disposizioni diverse a Saint-Hilaire: *" solo la fanteria leggera si formerà in battaglia, mentre le due brigate di linea si schiereranno una destra e l'altra a sinistra della fanteria leggera in colonna per divisioni a distanza di plotone."* Alla fine, secondo uno studio di Colin, ogni divisione, che doveva attaccare il Pratzen, fu schierata su tre linee di battaglioni schierati in colonna, in modo da ottenere formazioni molto compatte, occupanti poco spazio e molto mobili, ma pronte poi a schierarsi in linea ove necessario (e di fatto l'attacco sarà così rapido e letale che non ci sarà bisogno di cambiare la formazione).

Durante la notte tra il 1° ed il 2 dicembre, Savary fa rapporto sulle ricognizioni fatte eseguire, ragguagliando Napoleone dell'arrivo di nuove truppe a Tellnitz. Napoleone vuol vedere di persona e lascia il suo comando sulla cima del colle di Zuran, si porta a Girzikowitz, rischiando anche di cadere in mano a drappelli Cosacchi. Capisce che il grosso delle forze nemiche si trova ora a sud di una immaginaria linea che unisce i villaggi di Pratzen a Krenowitz, con l'intenzione di sfondare la linea francese a Tellnitz. A nord ritiene sia rimasto il solo Bagration. Di fatto l'Empereur non ha un'idea certa, ma un'intuizione, rafforzata anche dai rumori dei cassoni in movimento avversari, che riecheggiano nella gelida notte. A forza di sguarnire la sua ala destra ora l'Empereur teme di restare vittima della sua stessa "trappola".

Cambia il suo piano originale, ritenendo le forze austro-russe scarse a nord: il I corpo di Bernadotte invece di adunarsi dietro il Santon deve puntare su Girzikowitz e seguire Soult, la divisione Saint-Hilaire del IV corpo deve sboccare a Puntowitz invece di Girzikowitz, dove passerà Vandamme. Soult ora orienta la sua pressione molto più verso sud non più con la sua ala destra avanzata, ma con la sinistra diritta contro il Pratzen

Soprattutto modifica l'ordine di battaglia per il III corpo di Davout, sapendo che Gudin potrebbe arrivare tardi il 2 dicembre e che Bourcier e Friant forse non riusciranno a contrattaccare con efficacia il fianco nemico. Sostenuto dalla divisione Legrand del IV corpo, Davout riceve ora l'ordine di difendere la linea del Goldbach a Tellnitz e Sokolnitz per rallentare la pressione avversaria e per favorire l'attacco della sua massa di manovra principale. Fatti gli aggiustamenti, Napoleone invia nuovamente Savary in ricognizione verso Tellnitz, prima di prendere un meritato riposo.

La battaglia ora andrà a colpire il Pratzen, il "ventre molle" del nemico, per tagliare in due lo schieramento austro-russo e per respingere la forte ala sinistra avversaria contro gli stagni gelati di Satschan e Mönitz. Nonostante la "trappola" e le brillanti intuizioni di Napoleone, rimane un margine d'azzardo. L'Empereur è preoccupato della debolezza di Davout, sul campo, e il riconoscimento della forza nemica dal numero dei fuochi accesi non pare precisissimo; potrebbero essere stati accesi meno fuochi per ingannare i francesi oppure la nebbia notturna potrebbe nascondere luci lontane.

I francesi, la notte della vigilia, celebrano l'imperatore in ricognizione ai reparti; le grida di "Evviva" si mescolano ai fuochi delle torce … qualcuno pensa anche di dar fuoco ai tetti della capanne di Girzikowitz per festeggiare meglio Napoleone. Poi l'armata cerca di riposare. Non tutti, però, riusciranno a dormire, come raccolta Paul Dieudonné Thiébault, brigadiere comandante della 2ª brigata della divisione Saint-Hilaire: "*Ritornando a Kolbenitz* (sic), *verso le undici di sera, trovai l'ordine di far prendere le armi alla mia brigata alle tre del mattino, di portarla davanti a quel villaggio, riunendola al resto della divisione. Quest'ordine era ridicolo, perché non avrebbe fatto giorno prima delle 8 e, lasciando alle truppe altre tre ore di riposo, non si comprometteva nulla; ma sotto l'uniforme si obbedisce, non si discute, anche se si pensa altro. Quanto a Richebourg e me, trovammo che non valeva la pena dormire tre ore; passammo il resto di quella notte, giocando a Scacchi, l'ultima notte che, per il povero Richebourg, avrebbe preceduto quella dell'eternità.*"

▲ Ritratto di Louis Nicolas Davout (1770-1823). opera di Tito Marzocchi de Belluci

AUSTERLITZ LA BATTAGLIA

LA DIFESA REATTIVA O ELASTICA A TELLNITZ

Durante la prima fase della battaglia, Napoleone, si impone un obiettivo: resistere alle richieste di rinforzi da parte dei generali incaricati della difesa dei settori secondari, come l'ala destra. È il principio dell'economia delle forze applicato alla battaglia, piuttosto che alla campagna, ovvero poter disporre di una adeguata Riserva di truppe pronte ad approfittare per assestare un colpo di grazia al nemico.

La notte del 1° dicembre l'ala destra francese comprende solamente i 6000 effettivi della divisione Legrand, distaccata dal corpo di Soult, che occupa il lungo tratto di fronte tra Tellnitz e Kobelnitz. Il resto del fronte centro-nord conta 60000 francesi. Davout in quel momento arriva a Raygern con unità in sofferenza per la marcia forzata; Friant, il 2 dicembre, entra in battaglia con soli 4000 uomini dei 7000, che erano disponibili a fine novembre. La debolezza di Davout impone a Napoleone la necessità di ricorrere ad un minutaggio perfetto tra la fase di preparazione e lo sferrare l'attacco decisivo; se quest'ultimo avvenisse troppo tardi, l'ala destra francese sarebbe irrimediabilmente perforata dai raiders austro-russi, se invece fosse troppo prematuro lascerebbe il tempo di sganciarsi agli avversari sul fronte sud.

Il 1° dicembre alle 8.30 di sera Davout riceve l'ordine operativo da Berthier che ingiunge di partire dall'abbazia di Raygern (Rajhrad) alle 5 di mattina per collegarsi alla destra di Soult con le divisioni Friant e Bourcier. Davout ha già inteso che dovrà contare solo sulle sue scarse forze. Dovrà

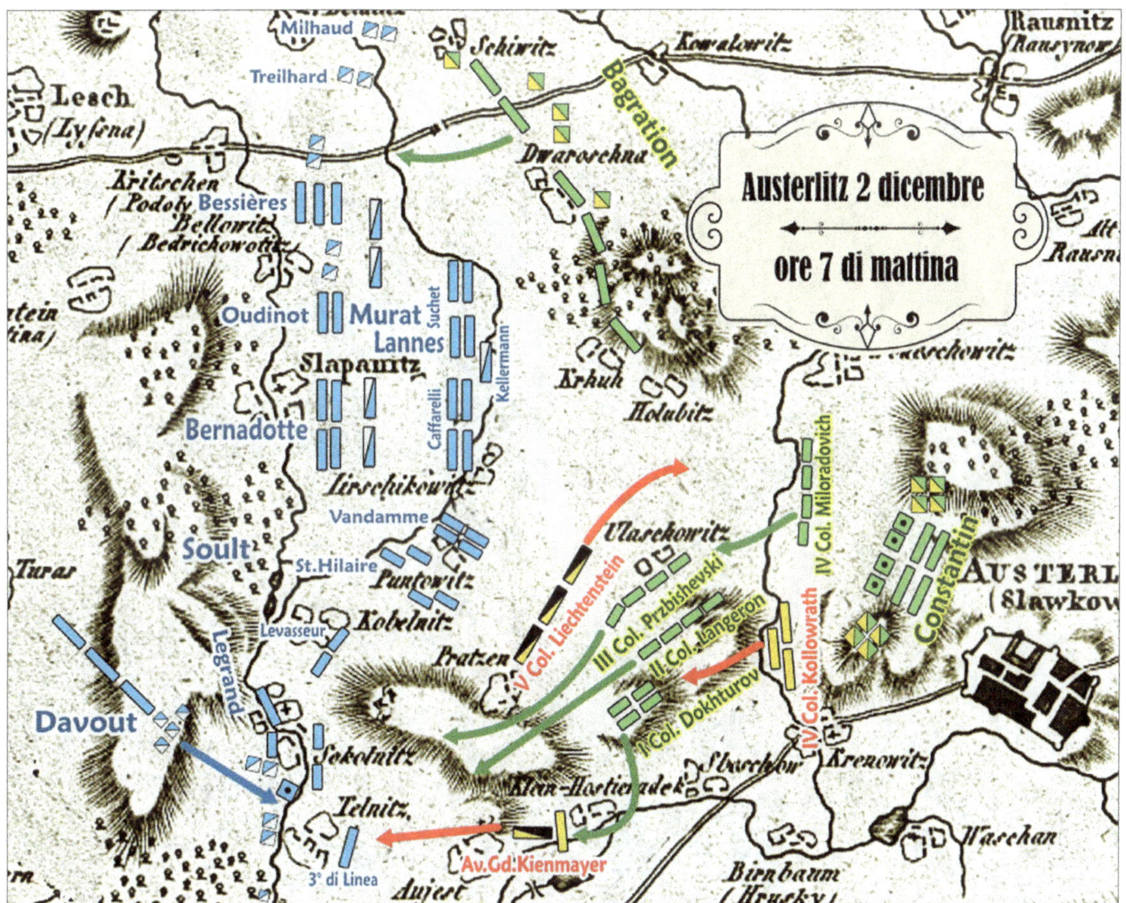

ricorrere all'utilizzo di tutte le risorse del terreno per rallentare l'avanzata austro-russa. La sua battaglia si svolgerà tra i villaggi di Tellnitz e Sokolnitz; Tellnitz è il punto di ancoraggio della destra francese e sarà là, poco prima delle 8 del mattino, che avverrà il primo contatto con il nemico. L'abitato, situato ad est del torrente Goldbach, riva sinistra, è circondato da colture e vigneti; a sud confina con i vasti stagni gelati di Satschan e Mönitz. Ottocento metri a nord, però sulla destra del Goldbach c'è il villaggio di Sokolnitz, che si allunga in una tenuta, con un palazzo, dotato di un parco, limitato da mura, lungo 600 metri e largo 300 chiamato "fagianeria", a causa degli allevamenti di cacciagione. In attesa di Davout, sono incaricate della difesa le truppe di Soult (3ª divisione Legrand); il generale di divisione ha inviato il colonnello Schobert con 1600 uomini del 3° reggimento di linea per occupare, di notte, Tellnitz, provvedendo a scacciare la cavalleria austriaca che era piazzata tra le case. Tra Tellnitz e Sokolnitz sono schierati circa 300 Tirailleurs della Corsica (brigata Levasseur) e del Po; infine 500 sciabole dei reggimenti a cavallo Chasseurs 19° e 26° (generale Margaron) supportano la fanteria.

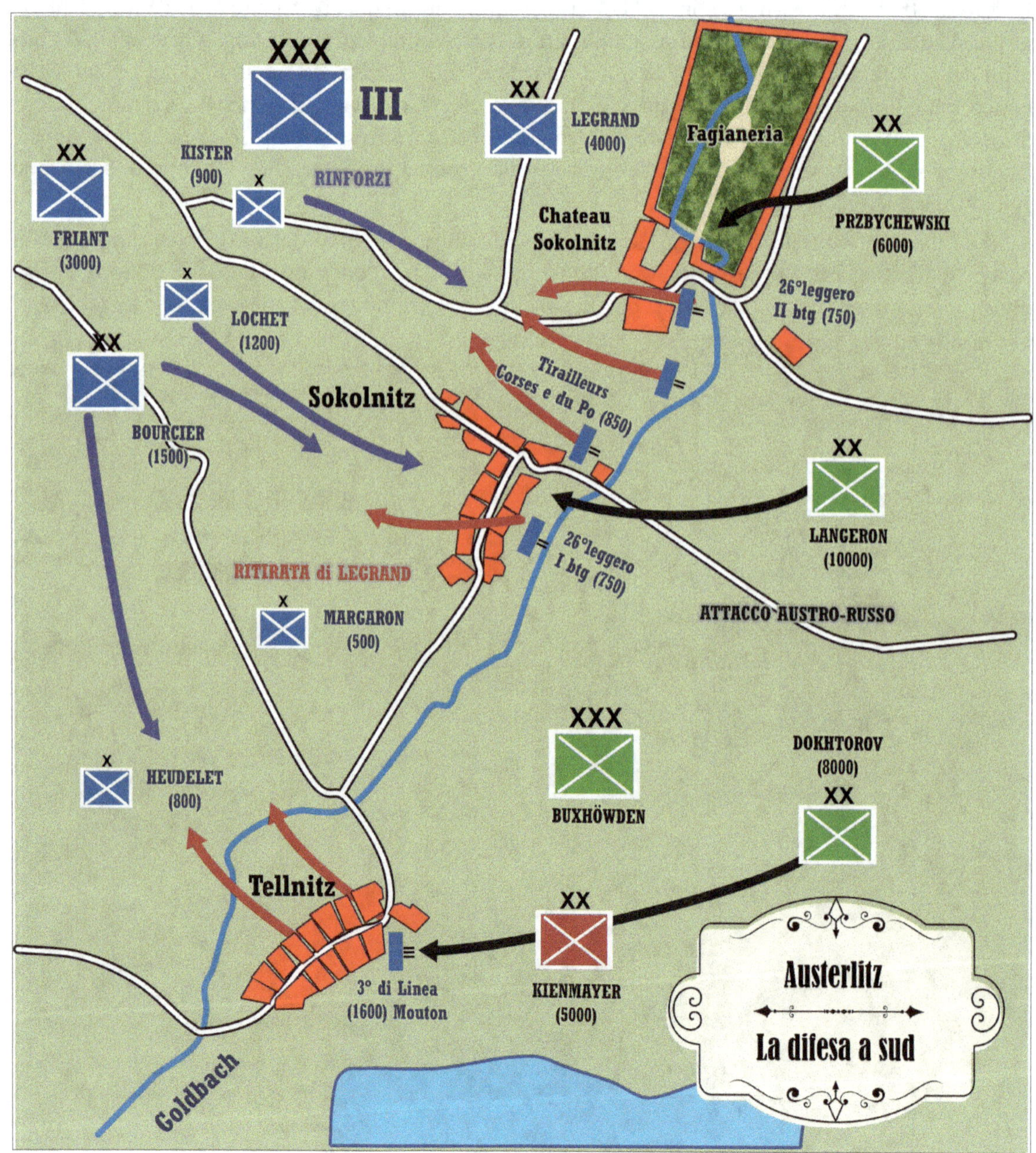

I primi spari si fanno sentire nella notte del 1° dicembre, durante una sparatoria tra austriaci e soldati francesi. Alle 19 di sera un drappello di cavalleggeri O'Reilly (avanguardia di Kienmayer) si presenta in ricognizione davanti a Tellnitz. Non c'è la luna e una fitta nebbia aumenta l'oscurità della notte . Gli avamposti Tirailleurs Corsi sono superati e qualche cavaliere più ardito penetra nelle viuzze di Tellnitz, combattendo con i Corsi e con il 1° battaglione del 3° di Linea. La resistenza dei Tirailleurs e del loro comandante Ornano, permette al generale Legrand di inviare i battaglioni di linea 2° e 3° a rinforzare la linea del Goldbach. Anche il comandante Hulot ed i suoi Tirailleurs du Pô sono impegnati a respingere le avanguardie alleate, a Sokolnitz.

La cavalleria dell'avanguardia austro-russa, gli Ussari di Hessen-Homburg, ha avvisato Kienmayer delle nuove posizioni francesi e il generale ordina alle sue unità di occupare Tellnitz, in modo da aprire la via alla colonna russa di Dokhturov, che sta arrivando. Dopo una pausa di diverse ore, gli spari riprendono, verso le due o le tre del mattino. Il corpo austriaco del feldmaresciallo Kienmayer tenta di respingere le truppe del maresciallo Legrand e di conquistare il villaggio di Tellnitz tenuto dal 3° reggimento di Linea francese. Il combattimento tra austriaci (adesso ci sono gli Szekler di confine, la fanteria) e francesi (3° di Linea) si fa subito aspro. I francesi ricacciano i loro nemici e riescono a respingere i tentativi di riconquista del villaggio da parte dei Grenzer di Kienmayer. In-fine, una parte di questo corpo riesce a rompere i ranghi francesi, ma senza appoggio dei cannoni, gli austriaci sono costretti a ritirarsi con grosse perdite.

Grazie a quella sparatoria notturna, Napoleone, si rende conto che la linea alleata si estende mol-to più a sud di quanto abbia pensato. Manda Savary in avanscoperta, a raccogliere notizie. Sulla base di quelle informazioni, Napoleone fa gli ultimi cambiamenti al suo piano. Invia una lettera al mare-sciallo Davout con l'ordine di dirigersi non verso Tuřany (Turas) ma verso Sokolnitz. Nella versione definitiva dei suoi ordini, l'imperatore fa affidamento sulla linea di difesa Kobelnitz-Tellnitz. Sa bene che i francesi sarebbero stati in netta minoranza, contro gli alleati, nell'estremo sud del campo di battaglia. Spera di poter occupare il più a lungo possibile i suoi nemici per eseguire la sua azione al centro, quindi prendere l'altopiano di Pratzen e aggirare la retroguardia alleata.

Soult assegna il 3° di Linea alla difesa di Tellnitz, dove il colonnello Schobert costruirà un punto d'appoggio difensivo con il supporto dei Tirailleurs della Corsica di Ornano. La brigata Levasseur (18° e 75° di Linea) sono inviati davanti a Kobelnitz, come riserva di settore. Il resto della brigata Merle (26° regg. leggero) è inviato a sud di Kobelnitz, mentre i Tirailleurs del Po resteranno a Sokol-nitz. Gli Chasseurs a cavallo di Margaron e la loro artiglieria a cavallo scenderanno verso Tellnitz. All'alba del 2 dicembre l'ala destra francese è difesa solamente da 2400 soldati e 6 cannoni; sarà rinforzata da altri 3800 uomini e 9 cannoni, quando Friant raggiungerà il Goldbach.

L'attacco delle colonne alleate scatta alle 7 del mattino. Davanti a Tellnitz combatte Kienmayer, con i suoi cinque battaglioni e quindici squadroni, che sono sfilati, lungo lo stagno di Mönitz, per attaccare la cavalleria di Margaron, a sud del villaggio. Gli austriaci attaccano, costretti a guadare il torrente, passando alcuni fossi e risalendo un pendio coperto di vigne e di case, sulla cima del quale il 3° di Linea ed i Corsi stanno in agguato, dietro ripari occasionali. L'arrivo di rinforzi russi causa la perdita di Tellnitz. Legrand invia il 26° leggero di rinforzo, ma questo non arriva a Tellnitz; è invece deviato alla difesa di Sokolnitz. Il 3° di Linea, ormai ridotto a 1200 uomini, è spinto ad ovest del Goldbach dagli austriaci a da circa 3000 russi di Dokhturov che li hanno seguiti, dopo essere arrivati a Tellnitz alle sette del mattino.

I francesi sono costretti, ora, alla ritirata e si raggruppano, poi, vicino al Goldbach. La ritirata, secondo i canoni della difesa reattiva, è protetta dagli Chasseurs di Margaron e dal 1° reggimento Dragoni, inviato da Davout, che ha perfettamente capito la crisi a sud ed ha ordinato a Friant di diri-gersi su Tellnitz. Circa alle nove, il 15° leggero ed il 108° di Linea (brigata Heudelet, circa 800 uomi-ni) riescono a rioccupare il villaggio alla baionetta; il successo è di breve durata. Mentre il tenente generale Dokhturov prepara la sua fanteria al nuovo assalto, i francesi si attrezzano rapidamente alla difesa e si fortificano nelle case del villaggio. Tra Sokolnitz e Tellnitz si scatena una baraonda tra truppe amiche, confuse e disorientate dalla nebbia e dal fumo dei colpi di fucile e cannoni; i francesi si sparano addosso. Dokhturov approfitta di quel caos e riconquista il villaggio conteso. Il fatto, non infrequente, è così raccontato nella storia del 15° fanteria leggera.

"Approfittando di quel successo, i volteggiatori del 15° leggero uscirono dal villaggio, salirono un'altura davanti e respinsero vigorosamente una carica degli ussari Hesse-Homburg. Il 108° usciva allo scoperto, a sua volta, e si portava alla loro sinistra, quando fu preso alle spalle da un fuoco ben nutrito che lo costrinse a rientrare dentro Tellnitz: era il 26° leggero (divisione Legrand) che, posizionato lungo il torrente e non potendo distinguere i colori a causa della nebbia, aveva preso il 108° per russi e aveva aperto il fuoco. Questo fraintendimento costrinse anche i volteggiatori a rientrare nel villaggio, da cui un furioso attacco dei russi respinse di nuovo i francesi. La cavalleria austriaca attraversò subito Tellnitz e si gettò contri i cavalieri di Bourcier e Margaron, i cui cavalli erano stanchi a causa delle marce. Heudelet, dopo aver ricostituito le sue truppe, venne, con il suo fuoco in aiuto della cavalleria, e contenne il nemico. Erano le 10 del mattino;"

Su ordine di Davout, i francesi formano una linea difensiva a sud di Sokolnitz, attaccata dai 10.000 russi di Langeron. A difendere il paese di Tellnitz c'è soltanto il colonnello Pouget con i suoi due battaglioni del 26° leggero; presto sono soverchiati e costretti a ritirarsi. *"Durante la battaglia di Tellnitz ebbi molto da soffrire per l'indocilità del cavallo che montavo che, spaventato dal sibilo delle palle che volteggiavano attorno alle sue orecchie e tra le sue gambe, non mi permetteva di andare dove credevo fosse necessaria la mia presenza. Lo chef-de-bataillon Brillat mi offrì il suo, che accettai in fretta. Nel momento in cui misi piede a terra, mi sentii coperto di terra e di sassi, che mi furono lanciati in faccia con una tale forza, tanto che sanguinai e fui quasi accecato. Una palla di cannone era caduta a tre passi da me. Salii sul cavallo più docile e mi portai al centro del mio reggimento, che incoraggiai con voce ed esempio, a difendere onorevolmente la sua posizione, anche se a mente fredda il compito sembrava essere al di là delle sue forze."* Colonnello François-René Cailloux barone Pouget

Quando Przbichevski occupa la Fagianeria del palazzo di Sokolnitz, alle 9.30, tutti i capisaldi dell'ala destra francese sono in mani russe. Una pace relativa si stabilisce dopo le dieci del mattino. Più tardi, i francesi si ritireranno verso Otmarov. Tellnitz e Sokolnitz restano nelle mani dei russi. Ma i soldati di Napoleone hanno adempiuto al compito richiesto - occupare e fermare per qualche ora un'armata più numerosa.

Il parroco di Tellnitz si trova al centro dello scontro: *"I proiettili volavano all'interno della canonica, attraverso le finestre e c'era ovunque incredibile danno. C'erano dozzine di cadaveri nel villaggio. Dopo l'armistizio, molti francesi si fermarono nel villaggio per assicurare la sepoltura dei soldati caduti."* Da allora, circa 140 corpi riposeranno nella fossa comune del villaggio. Gli abitanti di Tellnitz, poi, dovettero consegnare, contro la loro volontà, ai francesi tutto il pane, la carne ma anche altri alimenti. *"Si presero due cavalli, quattro mucche, una giovenca, sedici maiali, quarantaquattro fiaschi di vino, duecento razioni d'avena e molte altre cose dal cortile della parrocchia".*

Il pericolo è notevole e la difesa qui rischia di non essere più così "elastica". Napoleone rischia di rimanere vittima della sua stessa trappola. Per sua fortuna gli austro-russi sono esausti ed ebbri di vittoria; non inseguono. Buxhöwden, al comando del settore sud, aspetta che le colonne di Przbichevski e Langeron si colleghino a sud con Dokhturov e Kienmayer, ma quest'attesa si rivelerà fatale. In quel momento arriva il grosso della divisione francese Friant, lanciata contro Sokolnitz, con le due brigate Kister e Lochet. Lochet è probabilmente il miglior generale di questa divisione, Davout stesso lo reputa *"ufficiale d'eccezione in ogni cosa"*, i colleghi lo ammirano per la disciplina che sa dare alle sue unità. Lochet getta in Sokolnitz il 48° di Linea, una massa di 1400 uomini, molti veterani, 783 hanno tra 10 e 15 anni di servizio, al comando del colonnello Joseph Barbanegre, fer-

▲ Il castello di Sokolnitz oggi. Courtesy by John Callahan

vente repubblicano. Il 48° è appoggiato dai piemontesi e italiani del 111° di linea, insieme cacciano il nemico dalle viuzze di Sokolnitz, nonostante una palese inferiorità numerica.

Nel frattempo Kister attacca il palazzo e la fagianeria, con Davout che osserva ammirato la furia dell'attacco francese, soprattutto del 33° di linea, seguito dal 15° leggero. Nel parco del palazzo la resistenza russa è notevole e, mentre più a sud, Sokolnitz cambia padrone più di una volta, l'attacco tra Kobelnitz e Sokolnitz segna il passo.

Un aneddoto riguarda l'aquila del 33°. Questa è salvata dal soldato Putigny, sotto il naso dei russi di Buxhöwden. Quando il 33° è costretto a ritirarsi, sotto minaccia d'aggiramento, saltando attraverso un fossato, largo e profondo, l'Aquila imperiale si stacca dal palo e cade nell'acqua fangosa e nauseabonda. Rimasto indietro, Putigny scende nel fosso e, con l'acqua fino alla cintura, cerca il simbolo dell'Impero mentre i russi gli sparano. Alla fine, a tastoni, trova la sua Aquila, scappa sotto il fuoco. Corre come un pazzo e raggiunge i suoi compagni che pensavano di avere perso lui e "l'uccello" (sic). La sera al bivacco, mentre sta asciugando la sua uniforme macchiata di fango nerastro, un aiutante di campo viene a dirgli che l'Imperatore lo vuole a rapporto. Il Sovrano è là, vestito con la sua redingote grigia, che parla con il generale Friant che gli ha raccontato l'eroico aneddoto. Putigny si avvicina, Napoleone gli afferra l'orecchio e gli dice: "*Allora, ho sentito che vai a pesca con la tua bandiera? Tranquillo, è ancora più bella di prima. Sei un bravo ragazzo e ti conferisco la stella della mia Legione d'Onore!* ".

Dopo un'estenuante mattinata di assalti Davout scatena l'attacco decisivo alle 12.30. I russi, spossati, sono respinti verso nord, al palazzo e alla fagianeria. Saranno tagliati fuori dall'attacco di Napoleone sul Pratzen, mentre, più a sud, Kienmayer e Dokhturov si ritireranno in direzione di Hostieradek, verso gli stagni gelati.

La **difesa "elastica"**, ovvero il cedere terreno senza problemi se questo serve a rallentare l'attacco nemico, e quella **"reattiva"**, che prevede contrattacchi sempre portati allo scopo di rallentare la pressione avversaria, sono state portate a termine da soli 10.000 uomini in una mattinata durissima contro circa 29.000 austro-russi. L'accanita resistenza di Legrand e Davout hanno permesso a Napoleone di eseguire la manovra principale al momento opportuno.

IL BALZO DEL LEONE

Come detto, nelle sue memorie della campagna del 1805, Langeron giudica in maniera severa il piano di Weyrother affermando che: " *… con di fronte un comandante abile e subalterni d'esperienza, che comandavano truppe non alle prime armi, era assurdo sperare di vincere con un semplice attacco d'ala dopo aver esteso il fronte per circa otto Verste* (circa 8 km*) […] tra la cavalleria del Centro e la Quarta colonna c'erano circa due Verste (2 km) non presidiati da nessuno. Poteva sfuggire a Napoleone un tale errore?"*

Infatti non sfugge a Napoleone la presunta debolezza dello schieramento centrale, fatti i debiti calcoli. Tuttavia l'attacco decisivo deve essere sferrato al punto giusto, quando tutta l'ala sinistra austro-russa non avrà più alcuna possibilità di ripiegare e rafforzare il Pratzen, attaccato dai francesi. Non sfugge a Savary, poi, la descrizione della scena che si mostra ai suoi occhi la mattina presto del 2 dicembre. Tutti i Marescialli circondano Bonaparte frementi di fretta per iniziare le operazioni, mentre lui resiste alle pressioni e li invita ad aspettare ancora un attimo. Ségur annota: *"Già […] il loro attacco era iniziato a Tellnitz e Sokolnitz […] e non erano ancora le otto; regnavano ancora silenzio e oscurità sul resto delle linee, quando, all'improvviso, appare il sole sull'altopiano del Pratzen, dissipando la nebbia.."* L'alba spunta dall'orizzonte orientale e un sole rosso si fa strada tra la nebbia, sulle colline sopra Holubitz. L'incredibile scena ammutolisce tutti, compreso Napoleone. Il carattere eccezionale di questo momento farà sì che il sole di Austerlitz diventi una leggenda.

L'ufficiale artigliere Levavasseur, 2° reggimento a cavallo, aggregato alla cavalleria di Murat racconta: *"I' Imperatore dà l'ordine di portare avanti l'artiglieria. A questo punto, le nostre centocinquanta bocche di fuoco si mettono in marcia, passando tra gli intervalli dei battaglioni delle prime tre linee. Si metteranno in batteria, a cinquanta o cento passi davanti alla fanteria. Ho eseguito questo movimento e, siccome comando la mia artiglieria leggera, mi posiziono un po' più avanti della linea dei cannoni. Scopro, allora, che tutta l'artiglieria nemica sta eseguendo lo stesso nostro movimento; una batteria di dieci pezzi viene a prendere posizione sulla mia sinistra, prendendomi un po' sul fianco. Il generale Kellermann, comandante della cavalleria leggera, si schiera in mezzo alle varie batterie, per difenderle. Tutti questi movimenti si fanno con l'ordine e la precisione, che si vedono solitamente solo in una rivista al Campo di Marte.*

Eravamo schierati a buon punto e, tuttavia, il fuoco non iniziava. Infine, un colpo di cannone parte dalla nostra destra: allo stesso tempo, inizia uno spaventoso bombardamento, da una parte e dall'altra; dirigo il fuoco della mia batteria su quella di cui ho parlato e le cui palle, sparate troppo alte, passano sopra la mia testa. Eppure hanno già ucciso uno dei miei brigadieri, e un Marechal de Logis è stato gettato a terra; una palla rimbalza sui miei pezzi e sfascia un cassone. Il fumo dei cannoni nemici, riversandosi su di noi, come una densa nebbia, m'impedisce di vedere l'effetto dei miei colpi. Per riconoscerlo, mi getto molto avanti, a tal punto che i miei cannonieri non riescono a capire, come non sia colpito, essendo sulla linea di vista del nemico: non ragionano riflettendo che sono al di sotto della curva descritta dalle palle. Da lì ho rettificato più volte il tiro dei miei uomini e ho usato la mitraglia per fulminare quelli che avevo a tiro."

Il più ansioso di iniziare pare sia Soult con il suo Corpo di 16000 uomini. Afferma che in dieci minuti conquisterà il Pratzen e Bonaparte dice di attendere ancora un po', un quarto d'ora ancora e poi dà l'ordine. Inizia così quello che alcuni storici hanno definito il "balzo o la zampata del leone", l'evento inaspettato che sconvolge i piani austro-russi.

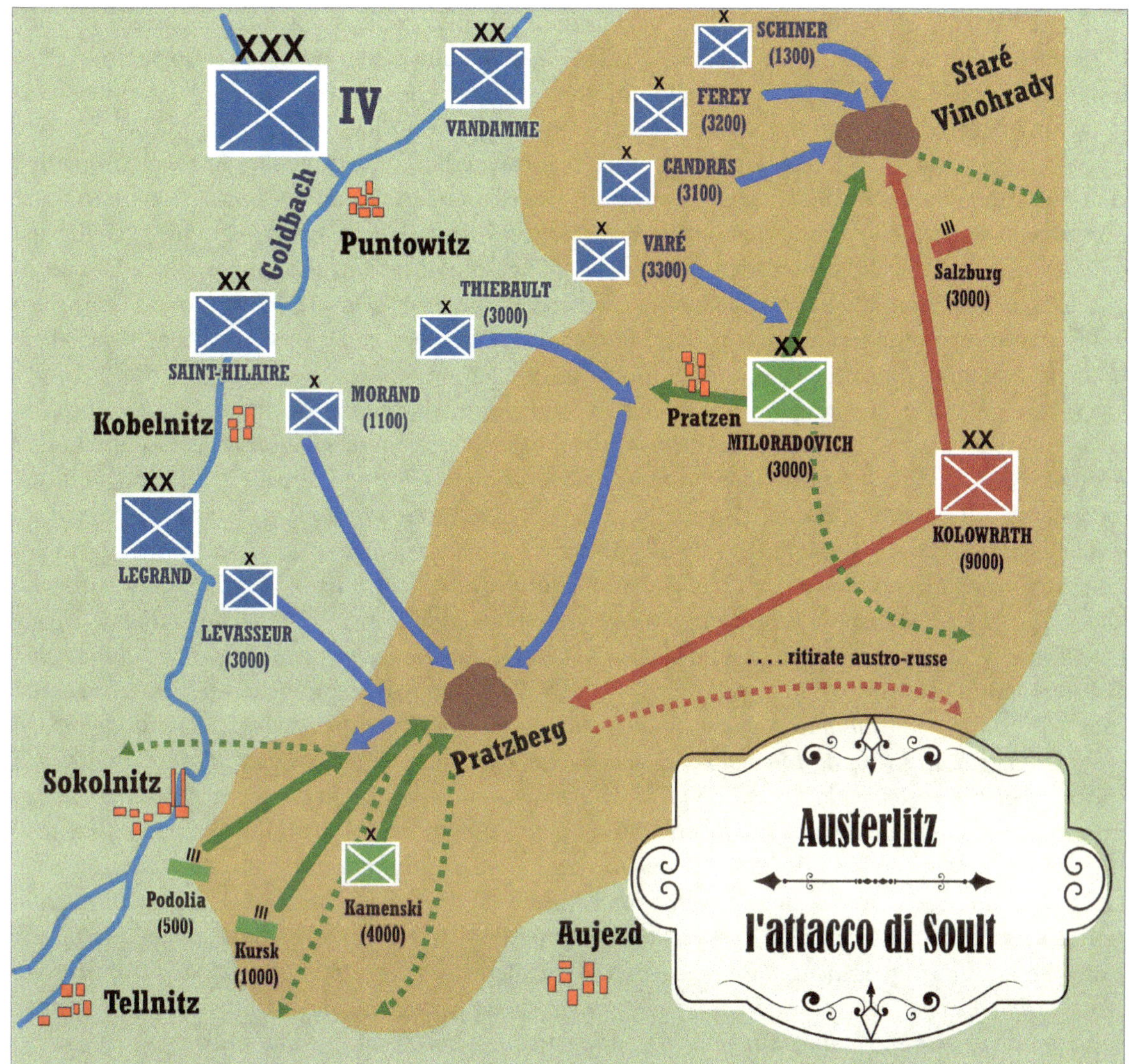

L'inizio delle ostilità austro-russo ci sono raccontate dalla storia del 9° reggimento fanteria, all'epoca Czartorinski: "*La quarta colonna si divise in due per lasciare alle prime tre colonne il tempo per raggiungere le loro posizioni. Alle 7:30 del mattino, mentre la terza colonna puntava contro il castello di Sokolnitz a sinistra e la quinta a destra contro Blasowitz, il nostro obiettivo era quello di andare sul Pratzen, in direzione di Puntowitz. Alla sua testa marciava la fanteria russa, seguita da due brigate austriache, Jurczek e Rottermund. Due battaglioni russi e due squadroni di Dragoni dell'Arciduca Johann formavano l'avanguardia. La testa della colonna aveva appena raggiunto la cima destra del Pratzen, appena abbandonata dalla retroguardia della 3ª Colonna, quando notammo, oltre Pratzen, due colonne nemiche che si stavano avvicinando. La nostra avanguardia accellerò il passo attraversando il villaggio, occupando il ponte dopo di esso prima dei tirailleurs nemici; lo attraversò e si posizionò nei presi di una chiesa, su una collinetta oltre il paese. L'ordine di Kutusov era quello di assicurarsi, ad ogni costo, le alture a sinistra di Pratzen. Per quel motivo aveva deviato le colonne leggermente a sinistra quando fu avvistata una terza colonna nemica, la divisione Drouet del Corpo di Bernadotte, che sembrava avanzare verso le alture a destra del villaggio. Come i russi si schierarono in posizione per affrontare quest'altra minaccia, il nemico aveva già salito le colline a sinistra di Pratzen e preso il villaggio. Kutuzov allora ordinò alle brigate austriache Jurczek e Rottermund di riprendere le alture, dove i francesi avevano appena respinto l'avanguardia russa. Qui si decise la battaglia.*"

In realtà, la IV colonna austro-russa, al comando di Kollowrath, subisce l'assalto della divisione Saint-Hilaire; subisce non è il termine esatto poiché gli alleati stanno avanzando verso le linee francesi, per passare il Goldbach. Si tratta quindi di un vero e genuino scontro sul campo. Gli austriaci marciano sicuri, non hanno nemmeno fatto ricognizioni del terreno, teatro delle manovre d'addestramento nel 1804. Secondo Langeron la mancanza di ricognizione sarà fatale al dispositivo centrale, comandato da Miloradovich; avanzano senza sapere che i francesi sono a 300 metri, pare non abbiano nemmeno i moschetti carichi. I soldati di Saint-Hilaire piombano sull'avanguardia della IV colonna che improvvisa una difesa del villaggio di Pratzen. Il maggiore Toll, inviato in avanscoperta dal comando russo, ha avuto, in effetti, il tempo di avvisare Miloradovich dell'arrivo dei francesi; schiera la sua avanguardia tra le case di Pratzen e, a sud, il resto. Thiebault, nelle sue memorie, descrive il primo attacco all'altopiano di Pratzen: *"Saint-Hilaire mi aveva detto che il villaggio non doveva essere occupato che da avamposti nemici. Io avevo incaricato dell'assalto il colonnello Mazas con il suo 1° battaglione; tuttavia, con qualche precauzione accessoria, feci seguire Mazas dagli altri battaglioni, disposti in linea per masse di battaglione. Ben feci perché [...] il battaglione del reggimento di Novgorod e quello d'Apsheron [...], inviati ad occupare il villaggio come avanguardia della IV colonna, avevano avuto il tempo di portarsi davanti al villaggio e stendersi ventre a terra per non esser visti mentre ci avvicinavamo. Nel momento in cui Mazas iniziava la marcia da battaglia, scattarono in piedi, mentre le nostre truppe erano arrestate da un ampio burrone, davanti al villaggio. Quelli sparavano a distanza ravvicinata con un fuoco così mortifero che, per la sorpresa e lo spavento, l'intero 1° battaglione del 14° di linea iniziò a sbandare."* La Storia del reggimento di linea la racconta così: *"Nel frattempo, salimmo a passo di carica l'altura di Pratzen. Un reggimento russo difendeva questo villaggio. Arrivammo in colonna e, schierati su una linea un po' obliqua, la nostra sinistra si trovò, a schieramento terminato, a dieci passi dal nemico, che la prontezza del nostro fuoco mise presto in rotta; nonostante il rinforzo di altre truppe accorse in soccorso dei russi, il 14° seppe mantenersi nella posizione che aveva conquistato ... Va detto che, all'inizio, siamo stati ingannati da un trucco dei russi. Quando cessò il nostro fuoco di battaglione, un certo numero di russi si gettò a terra, e , quando noi li sorpassammo, si rialzarono e ci presero da dietro, così fecero anche i loro feriti, almeno quelli che potevano ancora usare le armi. Fummo costretti a prendere un atteggiamento rigoroso, per non essere più esposti a quel pericolo. Tuttavia loro rinnovavano spesso lo stesso stratagemma. In un'ora di tempo, comunque, sfondammo la linea fino alla riserva del nemico, tra il Centro e l'ala sinistra."*

Nonostante la sorpresa le fanterie di Apsheron e Novgorod sono respinte dentro il villaggio, dal resto della brigata, mentre Morand sta salendo verso la vetta del colle (Pratzberg); sono circa le 9.30 di mattina. La battaglia è ancora aperta. Kutuzov, che sta assistendo all'attacco francese, getta nella mischia un battaglione austriaco di Kollowrath, dietro al quale i battaglioni russi possono riordinarsi. Il battaglione austriaco, pur essendo formate da reclute, riesce ad arrestare la progressione di Saint-Hilaire. In quei frangenti, il generale russo Kamenski, che stava scendendo verso Tellnitz ed ha sentito la sparatoria alle spalle, senza attendere ordini dal suo superiore Langeron, fa dietro front e torna verso il villaggio. Sono circa le 10, quando la brigata Morand si schiera in linea in direzione sudovest a fronteggiare l'accorrente Kamenski, mentre la brigata Thiebault si dispone perpendicolarmente a Morand per ricevere l'attacco del battaglione austriaco. La situazione è critica per i francesi del settore Pratzen sud. Senza contare la brigata Levasseur, non hanno che 5000 uomini contro i 10000 delle colonne Kolowrath e Kamenski.

Davanti si trova Morand, seguito da Thiébault con il seguente ordine di avanzata: 1° battaglione del 14°, il 36° reggimento; il 2° battaglione del 14°, che aveva inseguito due battaglioni russi, doveva ancora essere riordinato e non riesce a seguire la brigata. Morand, solo con il 10° reggimento leggero si trova ad affrontare l'intera brigata Kamenski; Morand è aggirato a destra e a sinistra, rischiando un attacco alle spalle. In quel momento critico, il generale Saint-Hilaire prende il 1° batt. del 14° di

▲ Alture del Pratzen a nord, in mezzo si vede la cappella del Santon e poco più a destra la chiesa di Bosenitz (Tvarozna).
Courtesy by John Callahan

Linea e lo fa affiancare, a passo di corsa, a destra del 1° batt. del 10° leggero, a bilanciare il combattimento in corso. Indi arriva la brigata Thiébault e si affianca a Morand. Così racconta il generale Paul Dieudonné Thiébault : *"Quella brigata Kamenski, che si valutava essere di 4-5000 soldati, aveva quattro reggimenti serrati in masse e ci veniva incontro sulla nostra sinistra, dalla parte di Krenowitz, dietro la linea formata da Morand. Quando li vidi avanzare, fermai i tre battaglioni che mi restavano nel momento in cui arrivava il generale Saint-Hilaire. Con i nostri cannocchiali, esaminammo le masse che si avvicinavano, ma non si riusciva a vedere nulla che annunciasse il nemico. Però ad un certo punto udimmo la loro musica, e, poco dopo, un ufficiale di quel reggimento si avvicinò a distanza di voce urlando: - Non sparate, siamo Bavaresi. – nel momento in cui fu sicuro che avevamo capito, fece ritorno al suo reggimento. – Ah – mi fa il generale Saint-Hilaire – che dobbiamo fare? - - Mio generale – risposi io, con una vivacità che non mi era affatto usuale – questi Bavaresi sono sospetti e questo ufficiale che non ha osato avvicinarsi a noi, mi pare lo sia ancora di più. - Voi rischiereste – riprese lui – di sparare contro alleati dell'Empereur? - - E per quale motivo alleati dell'imperatore dovrebbero marciare contro di noi? – Lui insisteva a cercare di farmi capire come un simile errore fosse funesto; io replicai che un attacco di sorpresa sarebbe stato disastroso e aggiunsi che avrei impartito disposizioni agli uomini, come se si trattasse di nemico, per poi andare personalmente in ricognizione. In effetti non vedemmo né uniformi bavaresi, né i loro comandanti, anche se si diceva che, nella notte, ci avesse raggiunti un corpo bavarese.*

In tutta fretta schierai il 36° di Linea, in appoggio a Morand, che formava il perno attorno al quale io manovrai mettendolo in colonna, mentre, a sinistra della mia linea, misi il 2° battaglione del 14°, per poter opporre una massa di riserva contro chi stava avanzando contro di noi e per avere truppa da opporre ad eventuale cavalleria, senza alterare la mia linea. Morand mise in posizione tre dei suoi sei pezzi d'artiglieria divisionale, io schierai gli ultimi tre nell'intervallo tra i miei due battaglioni del 36° di Linea, in qual frangente al comando dello Chef-de-bataillon Fontenay. L'imperatore ci inviò sei pezzi da 12 libbre giudicando la nostra posizione in pericolo. Subito li schierai su ambedue i fianchi del 36° reggimento, facendoli mascherare con plotoni di fanteria. Poi partii, ventre a terra, per andare a vedere chi stava arrivando. "

Sembra evidente che questo sia il punto decisivo della battaglia, già vinta dai francesi a nord e sul Pratzen. Infatti se le colonne russe a sud, ormai padrone di Tellnitz e Sokolnitz, facessero fronte a nord est, minacciando il fianco di Napoleone, potrebbero seriamente ribaltare quanto accaduto sino ad allora. L'arrivo di Kamenski e Langeron non è un evento da trascurare. Sarà inviato il corpo speciale di Oudinot, a valle, a tamponare la falla.

Intanto Thiébault e Morand si incontrano, ambedue con le stesse intenzioni, in ricognizione avanzata. *"Uno degli ufficiali di quei reggimenti fu raggiunto da un ufficiale, che proveniva dalla brigata Kamenski; essi chiacchierarono un momento insieme e si affrettarono, uno a ritornare dalle sue truppe, l'altro di raggiungere le sue. Se ci fosse ancora stato un dubbio, questo evento lo aveva eliminato, e, dopo averlo raccontato a Morand, lo lasciai dicendo: - Non vi occupate più di questi, me ne occupo io... "*

È a questo punto che accade uno di quegli episodi, frequenti nelle battaglie napoleoniche, che vedono l'artiglieria come protagonista. L'episodio è citato sempre dal generale Thiebault: *"Diedi ordine al comandante Fontenay ... di caricare tutti i pezzi a mitraglia e a pallettoni e, rispondendo all'obiezione che questo li avrebbe danneggiati, risposi: - basta solo che durino dieci minuti! - Feci quindi verificare il puntamento dei pezzi per tirare a 10 o 20 toises (circa 20-40 m). Disposi di piazzare 10 cartucce a mitraglia e 10 a pallettoni vicino ad ogni pezzo, per avere una cadenza di tiro più rapida; feci rammentare e rammentai io stesso alle mie truppe di mirare bene prima di sparare, di mirare alla cintura degli uomini, al centro dei plotoni, per non perdere nemmeno un colpo di fucile; dopo aver rinnovato questi appelli fino all'ultimo, lasciai avvicinare alla distanza stabilita quelle masse formidabili e, bruscamente, liberai i nove pezzi mascherati dalle truppe che, assieme ai fucili, iniziarono un fuoco così distruttore, che mai era stato visto [...] Era inconfutabile che le truppe nemiche, credendo di attaccare fanteria senza artiglierie, erano stati sorpresi da ben nove pezzi di grosso calibro che tiravano con una rapidità estrema [...] Constatavo con mia soddisfazione come ciascuna cannonata aprisse dei vuoti tra le truppe stipate che attaccavano, e i quattro reggimenti che mi attaccavano si dispersero in masse di fuggitivi [...]"*

Arrivati, infine, sulla parte più elevata delle alture del Pratzen, i francesi di Saint-Hilaire ora dominano un vasto orizzonte. Lontano, a sinistra, arrivano gli echi delle sparatorie del corpo di Lannes e prima, a mezza strada, circa a due chilometri di distanza si sente combattere la prima divisione di Bernadotte contr la riserva del granduca Constantin. Le truppe di Soult sono riuscite, alla fine, a spingere indietro i nemici sul Pratzen grazie al concorso della brigata Levasseur, che ha attaccato sul fianco il reggimento russo di Kursk e parte della colonna di Langeron, arrivata in soccorso di Kamenski. Sull'abbrivio, Levasseur ha ricacciato indietro anche il reggimento di Podolia (colonna Przbichewski) dentro la fagianeria di Sokolnitz.

Più a nord del villaggio di Pratzen, Vandamme ha avuto vita più facile. Prima dell'assalto della sua brigata Candras, i 3000 russi comandati da Miloradovich erano già stati ripetutamente colpiti dagli attacchi francesi. Quando Candras attacca, sulle posizioni di Staré Vinohrady (il vecchio vigneto), ci sono solamente 1000 russi; secondo logica e secondo anche Langeron la linea russa sarà spazzata via in meno di mezzora. La progressione di Vandamme nel "vecchio vigneto" adesso urta con il poderoso reggimento di Salisburgo, IR 23, del colonnello barone von Sterndahl. *"Le alture sono piene di bocche di fuoco"* raccontano i fanti del 4° reggimento di Linea *" e il nemico si è formato su diverse linee. La sua posizione, la sua abilità, avrebbero spaventato truppe meno determinate; ma niente può fermare questi coraggiosi. Gettati a capofitto, sfondano la prima linea e prendono la sua artiglieria. La seconda linea, sostenuta da truppe a cavallo, sperimenta lo stesso destino. Invano la terza linea, che un mammellone favorisce, mascherando i suoi movimenti, manovra per aggirarci a sinistra; è attaccata difronte dal 4° di Linea e sul fianco dal 24° leggero, agli ordini del brigadiere Schiner."*

Secondo il rapporto di Soult il 4° e il 28° di linea, assieme al 24° leggero (brigate Ferey e Schiner) assaltano alla baionetta la fanteria austriaca e la respingono, costringendola a riparare dietro la

fanteria russa di Miloradovich per riordinarsi. Miloradovich stesso tenta un attacco ma, a sua volta, deve riparare dietro gli austriaci per il riordino delle fila; tuttavia il Salisburgo è in pieno disordine e questo segna la sorte di Miloradovich, che deve abbandonare il campo di battaglia.

Lo scontro è descritto dal maggiore Mahlern, comandante del I battaglione del reggimento di linea Kerpen (colonna Kolowrath): " *Il 2 dicembre, alle 7 di mattina, c'era una nebbia così fitta che no si vedeva a 50 passi. Sentimmo forti scariche di fucileria, senza capire se fossero passati all'attacco i nostri o se fossero attaccati dal nemico […] a causa del nebbione i russi credono che si tratti di loro truppe, jäger o altre che volevano riparare dietro la linea per riordinarsi. Perciò non spararono loro addosso rimanendo in perfetto ordine […] appena viste le masse francesi, questa scartarono di lato esponendo i loro cannoni, nascosti tra le loro fila, che liberarono una scarica che sconvolse tutte le colonne russe […]in quel momento anche noi austriaci eravamo attaccati dal nemico, da ogni lato […] per rispondere all'attacco feci avanzare il mio battaglione, schierato in massa […] Appena finito quel movimento notai che il nemico stava preparando un attacco frontale. Non appena il loro movimento ebbe inizio io feci tirare una scarica, costringendoli a segnare il passo. Intanto il battaglione del Beaulieu, schierato sul fianco del Kerpen, era furiosamente attaccato da granatieri francesi e respinto […] Tentai allora un contrattacco con un battaglione Reuss-Greitz; durante questa avanzata subimmo un fuoco severo che colpì e ferì molti soldati, ne uccise altri assieme al capitano Nigel. A causa di quelle perdite e poiché il*

▲ Vigilia della battaglia di Austerlitz, Louis Albert Guislain Bacler d'Albe, 1808. Secondo lo storico Jacques Garnier, fu durante queste ore che Napoleone maturò la sua strategia per il giorno successivo.

mio fianco sinistro era ormai minacciato dal nemico, il mio battaglione ripiegò. Io li incitavo a fermarsi […] qualche scarica di fucileria rallentava il fuoco nemico rendeno il trasporto dei feriti meno pericoloso. Anche il battaglione Reuss-Greitz, che si trovava sul mio fianco, era ripiegato [..]ebbi 2 capitani e più di 100 soldati feriti, più un capitano e 72 soldati uccisi […] cosicché il mio battaglione che, all'inizio delle ostilità contava su 312 uomini, rimase con appena 80 soldati."

Kutuzov dispone ancora della sua Guardia per tentare di riprendere il Pratzen, cosicché la conquista dell'altura e la spaccatura in due della linea nemica ancora non sono sicure. La Guardia russa annovera 5500 soldati e 2500 sciabole di cavalleria, in attesa nei pressi di Krenowitz con l'ordine di sfilare in direzione nord, a Blasowitz, per appoggiare la cavalleria di Liechtenstein e proteggere la sinistra di Bagration. Udite le cannonate sul Pratzen la Guardia si dirige ad ovest per attaccare l'ala sinistra di Vandamme, schierata sulle Staré Vinohrady, posizione occupata alle 11 dai francesi. Ma la Guardia russa è stata già individuata dal 4° di Linea. *"In quel momento, il capitano Vincent, Aiutante di campo del Generale Ferey, corre al galoppo verso il I battaglione del 4° di Linea. Sebbene non fosse portatore di un ordine scritto, invita il Maggiore a marciare in avanti per completare la sconfitta dei russi e raccogliere prigionieri. Il battaglione risale, a passo di carica, un versante coperto di vigneti e alberi da frutta, dalla cresta del quale si scopre, in lontananza, una colonna nemica che batte in ritirata. Ma presto, invece di una truppa disordinata, si distinguono sette battaglioni in ordine, sostenuti da altrettanti squadroni che si ritirano a passo d'uomo e formano, per così dire, la retroguardia della linea sfondata."*

L'episodio è confermato da Auguste Bigarré, ufficiale del 4° di Linea, inviato in ricognizione un battaglione, per capire chi stava arrivando:" *Il generale Vandamme mi ordinò di mettermi alla testa di questo battaglione e di andare ad esaminare quella colonna. Disse al suo aiutante di campo, Vincent, d'accompagnarmi. Ero a circa un quarto di miglio dalla mia divisione, quando il capitano Vincent, che precedeva i miei Eclaireurs, scoprì sulle pendici di una collina una massa di cavalleria considerabile. Venne a me al galoppo e mi fece cenno di fare una conversione a "testa di colonna" a sinistra. Impiegai tutta la velocità possibile, per fare quel movimento, continuando, però, a far marciare in colonna, a distanza di sezione, per essere pronto ad ogni evenienza e a far formare il quadrato. Una volta assegnata la direzione al battaglione, guidato dal suo Chef-de-bataillon Guye, io, in persona e con il capitano Vincent, mi portai avanti per vedere cosa c'era in quella colonna nemica. Appena arrivati sull'altopiano, che dominava i due versanti del pendio, vedemmo avanzare, al gran trotto, la colonna nemica, incontro a noi. Tornai, a rotta di collo, verso il mio primo battaglione per metterlo in quadrato. Quella colonna, composta da tutta la cavalleria della Guardia Imperiale russa, e comandata dal Granduca Costantino, si formò sull'altopiano, ad una gittata lunga di moschetto dal mio battaglione. Essa mascherava sei pezzi d'artiglieria leggera, che, sparando a mitraglia sul battaglione, riuscirono a metterlo in disordine.*"

Napoleone ha lasciato il posto di comando sullo Zuran, alle 12 è salito sul Pratzen e si trova assieme a Vandamme a controllare la situazione; ha portato con sé parte della Guardia imperiale, lasciando Oudinot, ai piani di Turas, per eventualmente aiutare Davout, se necessario. La Guardia attende compatta, nell'immobilità più assoluta, l'ordine di marciare. In mezzo alle folate di nebbia, che dirada, vedono la propria fanteria in cima al Pratzen. In quel momento Napoleone ordina l'avanzata a Bessières. Dal nuovo posto di comando Bonaparte ordina anche a Vandamme di dirigersi a sud in appoggio a Saint-Hilaire, lasciando le Staré alla sua Guardia. Tra Guardia e Granatieri di Oudinot sono in campo quasi 11000 berrettoni di pelo d'orso, e metà di loro salgono al passo, le colline: uno spettacolo impressionante. Contrariamente a quanto si ordinava in battaglia, Napoleone ha voluto rendere omaggio ai due imperatori nemici, presenti sul campo di battaglia, ordinando che le bande musicali restassero al loro posto, al centro di ciascun battaglione. Avanzando, i Granatieri cantano un'aria musicale che è, per loro, molto familiare: *"On va leur percer le flan, Ran, ran, ran, ran, tan plan tire lire. On va leur percer le flanc, Que nous allons rire. Ran tan plan tire lire, Que nous allons rire."* Musica e tamburi si mescolano in un crescendo emozionante.

▲ La lunga linea dei corazzieri francesi nasconde il movimento dell'artiglieria alle sue spalle. Di Jules Jacquet 1894.

Mentre le posizioni stanno cambiando arriva anche la cavalleria della Guardia russa che si abbatte sul 4° di linea ed il 24° leggero di Vandamme, ancora fermi sulle Staré Vinohrady, nella parte nord. I francesi vanno in rotta e corrono verso le proprie brigate, indietreggiano in modo caotico ma sono salvati da una contro carica della cavalleria della Guardia imperiale francese. *"Il battaglione aveva continuato la sua marcia mentre la cavalleria nemica, vedendo l'isolamento e la debolezza di quella truppa, si girò e manovrò per aggirarla. Il comandante del battaglione fece formare il quadrato, avanzando in questa formazione: ma ostacoli d'ogni tipo disordinavano i plotoni, e presto bisognò fermarsi a riformare le facce del quadrato. La fanteria russa, che aveva osservato questi movimenti, gettò i suoi sacchi a terra e, con una brusca inversione di marcia, si gettò addosso alla prima divisione. Accolti da un fuoco di plotone, che si trasformò presto, senza comando, in un caotico e mortifero fuoco a volontà, i russi continuarono il loro movimento, e, grazie alla loro superiorità numerica, traboccarono dalle ali.*

Lo Chef-de-bataillon fece, allora, manovrare il suo quadrato. Questa manovra sfortunata, portò il mezzo battaglione di sinistra fuori dei vigneti e sulla cresta, offrendolo alla vista della mitraglia di tre bocche di fuoco. Caricato dalla cavalleria russa, fu sbandato e la sua rotta si trasmise ai plotoni di destra, che corsero a ritirarsi dietro il 24° leggero. In questo caos il portabandiera, fu ferito mortalmente e cadde con la sua aquila. Un sottufficiale, volendo raccogliere l'aquila, fu, a sua volta, ucciso. Subentrò un soldato che afferrò l'aquila dalle mani del sottufficiale, ma fu, anche lui, messo fuori combattimento, senza poter impedire alla cavalleria di Constantin di togliere il loro trofeo." Il racconto russo è diverso (Hors série N°2 de Soldats Napoléoniens - octobre 2003) *"Il tenente russo Khmelev abbatté il porta-aquila, la cui bandiera cadde a terra, il corazziere Gavrilov, saltò giù dal suo cavallo, raccolse l'emblema tanto ambito e lo porse al suo compagno Omelchenko. Per un attimo un furiere francese lo riprende, ma viene presto ucciso anche lui. Un terzo sottufficiale, il sergente maggiore Prevost Saint-Cyr riuscì ad impadronirsene ma, letteralmente preso a sciabolate, cadde a sua volta. Alla fine, i russi Omelchenko, Ushakov e Lasunov uscirono vittoriosi da questa atroce mischia e portarono l'aquila del primo battaglione al loro capo, il granduca Costantino".*

É il 24° reggimento leggero ad avere la peggio. Invece di creare i quadrati fa l'errore di affrontare in masse compatte la cavalleria russa; quest'ultima li travolge e li manda in rotta. Auguste Bigarré chiosa ancora sul fatto dell'aquila perduta: *"Un sottufficiale del mio 1° battaglione aveva raccolto, sul campo di battaglia, una delle aquile del 24° leggero, credendo fosse quella perduta dal nostro battaglione. Così nessuno si accorse subito che mancava all'appello."*

La Guardia di Napoleone, come detto, a sua volta supportata dalla divisione Drouet del I corpo di Bernadotte, sta salendo sul Pratzen settentrionale a dare il cambio alle provate unità di Vandamme. L'arrivo di Bernadotte, in pratica, rende definitiva l'occupazione francese del Pratzen e taglia in due l'armata della Coalizione.

Passato mezzogiorno Kutuzov, non ha più alcuna riserva da opporre agli 11500 uomini condotti da Bernadotte. La stessa Guardia russa è devastata dalle spallate di cavalleria della Guardia di Bessières ed ai russi non rimane che ripiegare verso Krenowitz. Il centro austro-russo è definitivamente smembrato dalla capacità di Napoleone di ottenere la superiorità numerica e tattica in ogni punto chiave della battaglia, fatta eccezione per la parte nord del campo di battaglia dove le forze si sono equivalse. Le poche situazioni impreviste e critiche che si sono verificate sono state brillantemente risolte dalla capacità d'improvvisazione dell'Empereur. L'invio finale di Bernadotte contro la Guardia russa è un esempio di questa sagacia tattica.

Come a Tellnitz, anche nel settore di raccordo tra il Pratzen (Staré Vinohrady) ed Holubitz, avvengono pericolosi equivoci, ce lo racconta il furiere Gervais, il cui 13° leggero si è portato avanti con decisione: *"Un sergente della 1ª compagnia di carabinieri (la compagnia d'élite della fanteria leggera) del nostro reggimento diede un'occhiata ad un battaglione, che sembrava avere qualcosa di strano nel suo marciare. Si avvicinò e riconobbe un battaglione russo. Così avviso il nostro comandante, che*

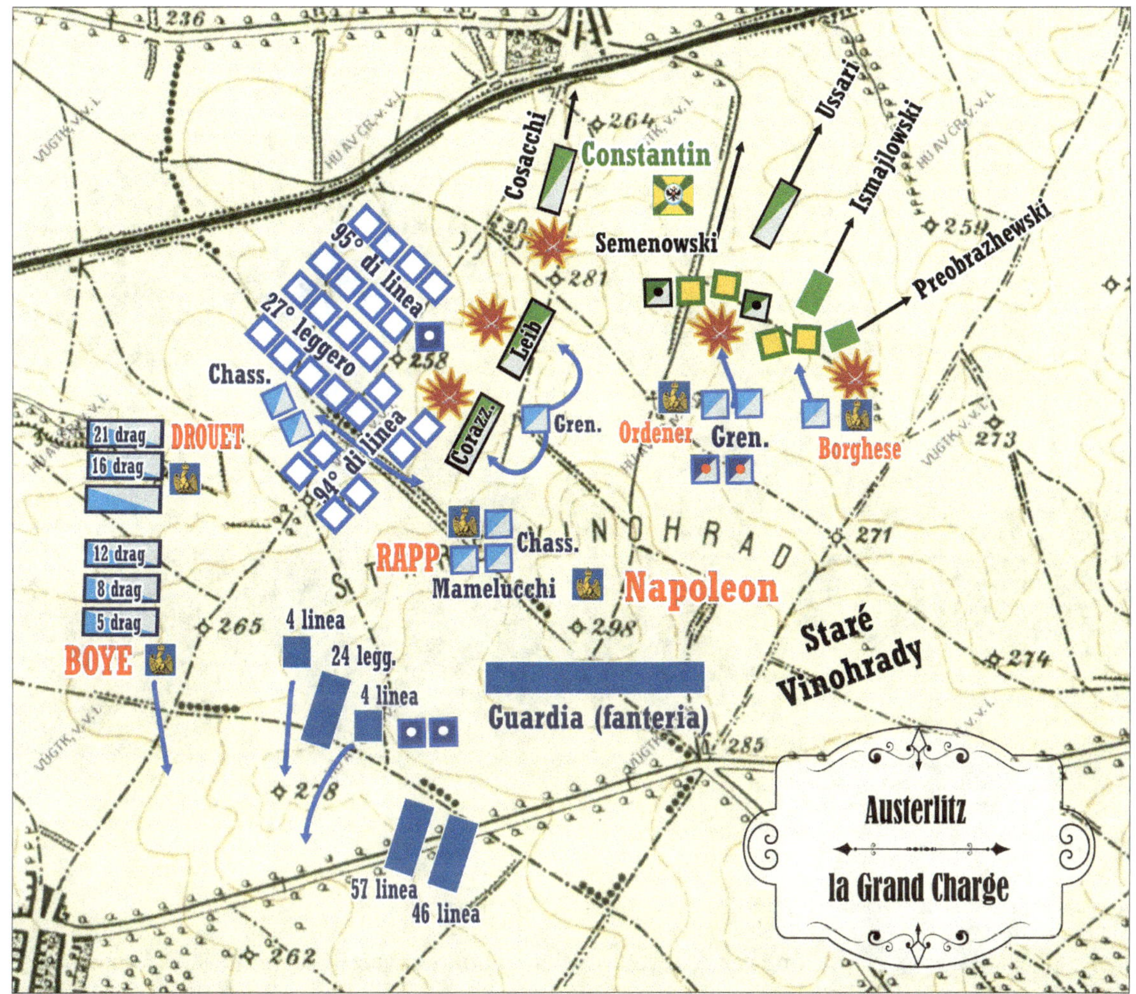

ordinò una conversione di fronte a destra, per opporsi alla marcia di quel battaglione. Il comandante russo, vedendosi scoperto, fece abbassare le armi. Era un battaglione che, rimasto isolato, si era separato dai suoi e che sperava di poter sfuggire seguendo i nostri movimenti. Allora ci si poteva, del resto, facilmente ingannare. I russi avevano fatto notevoli cambiamenti nella loro tenuta, all'epoca.

Avevano ancora giubbe verdi, ma molto meno lunghe, rispetto al 1799 a Zurigo. Poi, siccome eravamo in inverno, portavano, come noi, i loro cappottoni sui loro vestiti, e questi erano simili ai nostri ... Continuammo a camminare avanti. Il nemico era in ritirata."

"*Ora tocca alla cavalleria*" pare esclamasse Bessières al suo aide César de Laville. La rotta del 4° di linea e del 24° leggero innescano l'episodio, passato alla storia come la Grand Charge d'Austerlitz. Bessières attiva i 42 mamelucchi della Guardia d'Onore, i Granatieri a cavallo al comando del colonnello Ordener (i "cavalli neri" o detti anche "gli invincibili") con uno squadrone comandato dal principe Borghese, marito di Paolina Bonaparte. Così il Granatiere Coignet descrive i mamelucchi: "*L'Empereur ci fece fermare, gettando avanti i mamelucchi ed i chasseurs à cheval. Quei mamelucchi erano cavalieri eccezionali, facevano quello che volevano, con il loro cavallo. Con la loro sciabola ricurva, tagliavano una testa con un colpo solo e con le loro staffe taglienti aprivano le reni dei soldati. Uno di loro tornò tre volte indietro a portare all'imperatore una bandiera russa, Napoleone voleva si fermasse presso di lui ma quelo ripartì di nuovo, e non fece ritorno. Cadde sul campo di battaglia.*"

La cavalleria russa tenta di rovesciare la situazione, facendo intervenire sulla destra una colonna di cavalleria con alla testa il principe Liechtenstein. La cavalleria russa attacca il centro della divi-

▲ Truppe francesi si dispongono ad Austerlitz (reenactors in uniformi francesi). Courtesy by Keith Redfern

sione di Vandamme. Napoleone segue l'evento sulla collina dei vecchi vigneti (Staré Vinohrady). Quando Napoleone lancia i suoi "cavalli neri" di Ordener la prima carica sta traballando. Racconta il Granatiere a piedi Jean-Roch Coignet: *"La Guardia imperiale russa era fatta di uomini giganteschi che si battevano fino all'estremo. La nostra cavalleria era tutta in disordine. Allora l'Empereur lancia i "cavalli neri", ovvero i Granatieri a cavallo ... ci passarono di fianco some saette e si affondarono nelle schiere nemiche. Per un quarto d'ora ci fu un corpo a corpo impressionante, quel quarto d'ora ci parve un secolo!"*

Mezzogiorno è passato da poco. Due reggimenti francesi stanno combattendo una vana battaglia contro la cavalleria della guardia russa. La prima carica inviata da Napoleone stesso (quella con i granatieri a cavallo ed i mamelucchi) si abbatte anche contro il fuoco a mitraglia dei cannoni russi. Alcuni cavalieri entrano nella formazione russa, ma sono subito respinti. Allora parte la seconda ondata degli Chasseurs al comando del colonnello Morland (cadrà sul campo di battaglia, sarà imbalsamato da Larrey e inviato a Parigi in un barile di rum. Dicono che quando il barile fu aperto i suoi capelli e baffi arrivassero fino ai piedi.) Napoleone ordina, allora, al suo aiutante di campo, il generale Rapp, di condurre un secondo attacco con gli Chasseurs à Cheval. Questo attacco ha maggior successo e la Guardia russa, questa volta, é costretta a ritirarsi, lasciando dietro di sé parecchi morti e feriti. È stato un terribile combattimento tra unità d'élite, che non influenzerà il risultato della battaglia, ma entrerà nella storia.

Bessières, che voleva risparmiare il più possibile i soldati della Guardia, non ha impiegato tutti i suoi effettivi. La prima ondata, quindi, è stata controllata e respinta dal reggimento granatieri russo Semenovski, ma è intervenuta l'artiglieria a cavallo della Guardia di Doguereu, che inizia a battere impietosamente le fanterie dell'arciduca Costantino. La seconda ondata di carica coinvolge Ordener, al comando dell'ultimo squadrone di granatieri a cavallo, affiancato da due squadroni di Chasseurs guidati da Dahlmann e con a destra ancora Borghese. Nello stesso tempo il generale Drouet fa avanzare i suoi reggimenti e scarica i moschetti, prima sul fianco dei Cosacchi della Guardia poi sulla fanteria russa che si divide a metà. La cavalleria francese ripara dietro i quadrati amici per riordinarsi e per far partire una terza ondata contro i reggimenti Semenovski e Prebrazhenski. È l'atto finale della lotta sul Pratzen, la Guardia russa lascia sul terreno 500 soldati, il principe Repnin, comandante di un squadrone della Leib Guard russa è preso, con i suoi 200 cavalieri; il resto ripiega su Krenovitz in disordine. All'una circa il centro austro-russo si sta ritirando e la parte sud del teatro è in gravi difficoltà, con i francesi anche alle spalle.

IL FRONTE "TRANQUILLO" A NORD E LA FINE DELLA BATTAGLIA A SUD

A nord la mattina era stata meno densa di fatti importanti. I russi hanno schierato la Guardia (che poi risalirà al Pratzen) dietro il villaggio di Blasowitz, inviando una loro avanguardia ad occuparlo. Il centro del settore è occupato dalla cavalleria austro-russa del principe di Liechtenstein, quella che aveva sbagliato schieramento iniziale; l'avanguardia russa di Bagration, quasi un corpo d'armata, si trova a destra, davanti a Kowalowitz.

Apre le ostilità il principe di Liechtenstein, che ha appena terminato di schierarsi tra Krug ed Holubitz. Le sue truppe sono ancora in movimento quando il generale Essen parte alla carica, forse troppo presto, guidando gli Ulani della Guardia imperiale, con obiettivo la cavalleria di Kellerman, che è il centro avanzato dello schieramento francese. La prima violenta carica è respinta e gli Ulani si riordinano. Essen II allora volge la sua cavalleria contro la fanteria di Caffarelli, cavalcando di fianco al 34° reggimento di linea di Suchet; tutti i francesi sono già in formazione a quadrato, qualcuno nemmeno lo forma. Galoppando verso Caffarelli gli Ulani subiscono la fucileria del 34° reggimento sul proprio fianco e sono decimati, perdendo ¼ della loro forza tra feriti e morti. Racconta la storia del 51° di Linea francese: *"Gli Ulani, lanciati al galoppo, non trovano più la nostra cavalleria leggera, trovando, al loro posto, una ferma linea di fanteria, che li accoglie con un fuoco di moschetteria mortifero. Parecchi plotoni sono, però, entrati nella linea e sono accolti dal 51° fanteria che, senza nemmeno formare il quadrato, spara a volontà: 400 di quei cavalieri restano a terra. Approfittando dell'accaduto, Kellermann, carica i resti del reggimento del Granduca Constantin, passandone un gran numero a fil di sciabola. Il principe Johann Lichtenstein è costretto a mandare parte dei suoi squadroni in soccorso agli Ulani."*

L'artigliere Levavasseur racconta la carica di Kellermann: *"La cavalleria di Kellermann fa un movimento a quattro, gira a sinistra, e si defila; ma, poiché la nostra fanteria non la fa passare, galoppa lungo la linea, al fine di penetrare attraverso gli intervalli. Tutta la cavalleria del granduca Costantino si precipita contro i nostri pezzi; i soldati si gettano sotto i cassoni e sotto i cannoni; gli artiglieri si gettano con i loro bastoni; la nostra fanteria non può sparare, trovandosi coperta dalla massa della cavalleria di Kellermann. Ma poco dopo, la linea si apre e fa un fuoco battente, a trenta passi sul nemico. Allora ero incassato tra i miei cavalli da tiro, battendomi corpo a corpo con un ufficiale, che mi aveva già portato via il mignolo della mano destra, con un colpo di sciabola, quando il cavallo di quell'ufficiale si accasciò colpito da un proiettile. L'ufficiale si precipita sulla mia staffa e urla: "Ammettilo, che siamo coraggiosi."* (NdT. quasi tutti gli ufficiali russi dell'epoca parlavano il francese).

Kellermann, quindi, contro carica, ma il suo 4° Ussari è circondato e bloccato; i francesi non demordono, caricano di nuovo e liberano gli Ussari prigionieri costringendo gli Ulani russi a ritirarsi per riordinarsi dietro Blasowitz. Nell'azione catturano il generale russo Miller-Zakomelski mentre il generale Essen II è ferito mortalmente. Kutuzov nel frattempo ha richiesto il supporto di Hohenlohe sullo Starè Vinohrady, contro il 4° di linea; la carica austriaca, tuttavia, è bloccata dai vigneti e non ha alcun effetto.

▲ Il Pratzen visto dalla linea dei cannoni francesi. Courtesy by Keith Redfern. Courtesy by John Callahan.

Quanto ai francesi, il maresciallo Lannes ha disposto la sua fanteria a nord (Suchet) su due linee, la prima formata da battaglioni in formazione, la seconda in colonne schierate dietro gli intervalli. Alle 8 di mattina il principe Bagration pianifica di tagliare fuori la divisione Suchet, colpendo la sua sinistra e aggirando il Santon, lungo il crepaccio di Bosenitz. Sentendo il rombo dei cannoni a sud Bagration annota: "*Non capisco perché dovrei starmene qua, inattivo, ad osservare il nemico che muove rinforzi dalla sua ala sinistra all'ala destra.*" Bagration é un comandante aggressivo e verso le 9, continuando a sentire il rombo della battaglia a sud, ordina l'avanzata. Schiera la sua fanteria al centro in due linee al comando del principe Piotr Dolgoruki. Il 6° regg. Jäger è ad Holubitz e Kruh, supportato dai cosacchi di Kiseljev, Malakov e Kaznhekov. L'aiutante generale Fiodor Uvarov è messo all'ala sinistra, con gli Ussari di Elisavetgrad, i Dragoni di Chernigov e di Kharkov, mentre Bagration raduna dieci squadroni di Ussari di Mariupol e Pavlograd come ala destra. Il principe Piotr forma anche una riserva (al comando del general maggiore Efim Chaplitz e di Piotr Wittgen-stein, che includevano i Corazzieri della Guardia (Leib) di Sua Maestà la Zarina, Ulani della guardia e Dragoni di San Pietroburgo. In totale, Bagration dispone di circa 14000 men, appoggiati da 30 cannoni, quasi tutti di battaglione (leggeri). Inoltre il principe di Liechtenstein schiera i suoi 4600 cavalieri a coprire il chilometro e mezzo che separa l'ala nord ed il centro sullo Staré Vinohrady. Alle 9.30 i due avversari si scontrano. Il generale Claparède mantiene la sua forte posizione trincerata e, a sinistra del Santon, Bagration è respinto dai reggimenti di fanteria di linea, 24° e 40°. La minaccia di essere preso sul fianco dalla divisione Caffarelli fa indietreggiare Bagration e suggerisce a Suchet di riprendere una vigorosa avanzata che lo porta ad occupare la Vecchia stazione di Posta di Posoritz.

Lannes ha schierato la divisione Caffarelli sulla sua destra, in collegamento non le forze di Van-damme sul Pratzen e, alle 10.30 la invia ad attaccare Blasowitz, occupata da un battaglione della Guardia russa (Semenovsky) e dai Cacciatori della Guardia comandati da un emigré francese, Saint-

Priest. Caffarelli manda avanti il 13° leggero preceduto da quattro compagnie di Tirailleurs con, alla sua destra, il 51° di linea. Il 51° di Linea ricorda: *"Saranno state le 11 di mattina, le divisioni Caffarelli e Suchet, sbarazzatesi momentaneamente degli squadroni del principe di Lichtenstein, avanzano per attaccare il villaggio di Blasowitz; nonostante siano esposti al fuoco terribile di 22 pezzi d'artiglieria, marciano con passo risoluto. I musicanti che, per ordine di Napoleone, rimangono al centro dei battaglioni, suonano, con i tamburi che battono la carica.*

Alla testa del II battaglione del 13° leggero il colonnello Castex attacca il villaggio e muore nell'assalto; è vittoria francese con cattura di circa 200 prigionieri. L'azione di fiancheggiamento del 51° di linea porta alla cattura di altre 250 Guardie russe, mentre Kellermann invia la sua cavalleria a catturare la batteria cannoni in posizione davanti al paese.

Etienne Gervais, furiere del 13° leggero ci racconta quegli attimi angosciosi: *"Preso il villaggio facemmo un nuovo movimento in avanti. Arrivammo ad una valletta, poco profonda, dove il nemico occupava il versante opposto a quello da cui arrivavamo. La, ci fermammo e l'artiglieria russa ci colpiva di nuovo. Eravamo ancora, vista la distanza, nell'impossibilità di rispondere a quel fuoco. La nostra artiglieria, posizionata tra gli intervalli dei nostri battaglioni, faceva anch'essa un fuoco battente. Si vedeva cavalleria nemica avvicinarsi al nostro centro, disponendosi a caricarci. Io, come furiere, ero a guardia della bandiera, in prima fila, a sinistra. Una palla aveva colpito la mia baionetta e l'aveva storta orizzontalmente, tanto che era diventata inutile alla difesa. Questo mi preoccupava, soprattutto in caso di carica di cavalleria, che non sembrava dovesse tardare ... Del 51, che stava alla nostra sinistra, erano caduti molti uomini, i cui fucili erano a terra. Per evitare di lasciare la mia prima fila e di attraversare le altre due, pregai uno dei miei amici, Renier, furiere della quarta compagnia, di passarmi*

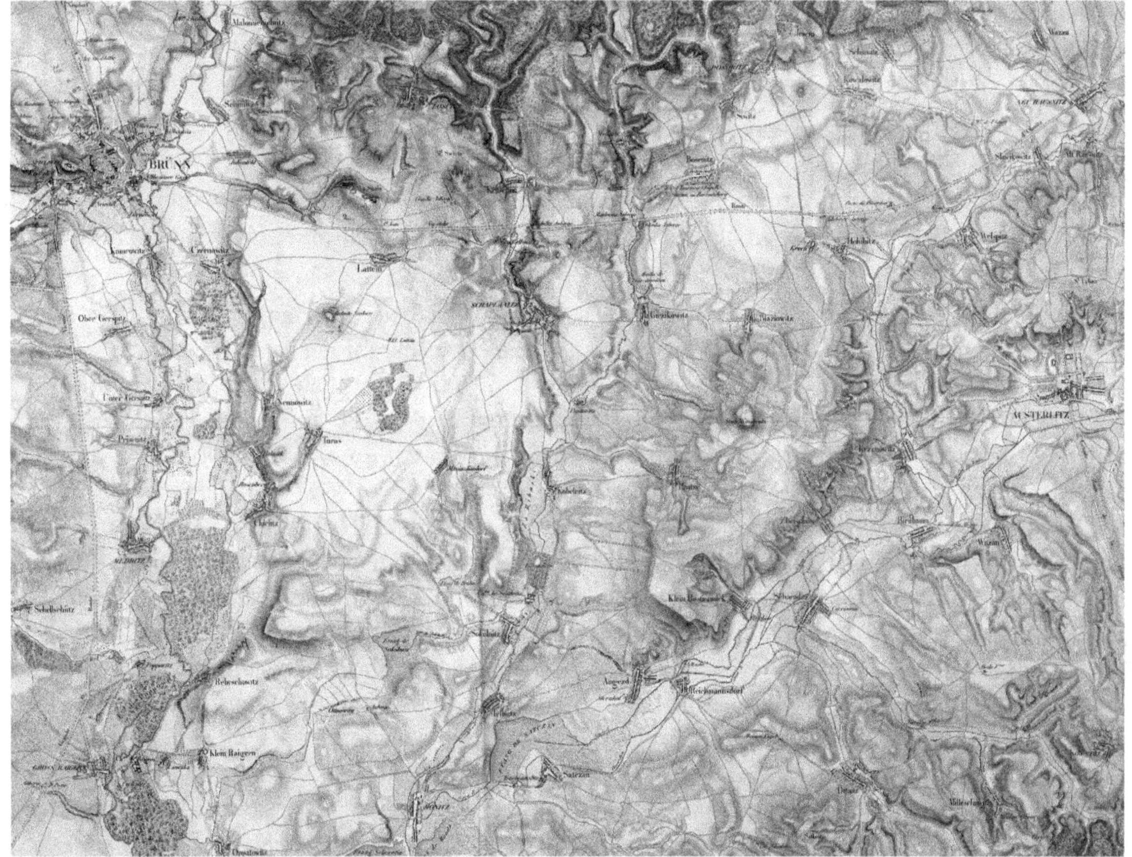

▲ Mappa della campagna di Austerlitz.

▲ Il ritorno dei corazzieri russi dopo la battaglia. Tela di Nikolai-Samokish

uno di questi fucili. Renier fece due o tre passi; poi, tornando al suo posto, mi disse: "Se vuoi un fucile, prenditelo da solo. Le palle cadono troppo forte. Se devo essere ucciso, voglio esserlo al mio posto." Lasciai la mia rango per procurarmi il fucile. Non ero passato completamente dietro il portabandiera, che una palla uccideva i due uomini della fila, che avevo appena lasciato, il mio amico Renier, e l'altro, di nome Charpentier, furiere della settima. Se fossi rimasto al mio posto, due secondi in più, sarei stato il primo a morire, perché ero in prima fila. Ramazzai al volo (sic) un fucile; mi assicurai del suo stato, di quello della baionetta, poi tornai alla mia fila."

Completata l'occupazione di Blasowitz, Murat porta avanti la cavalleria pesante di Nansouty, la invia alla carica contro la prima linea austro-russa, che con i Carabinieri crea il varco; la seconda linea è forzata dai Corazzieri che spingono gli austro-russi oltre il ponte di Holubitz. Secondo il racconto del 51° di Linea: *"Il nemico, in forze, era sboccato all'improvviso dal villaggio (Blasowitz) per cercare di circondare la divisione Caffarelli sulla destra; ma quest'ultimo, volendo prevenire la manovra, oppone loro il 51° ed il 13° leggero. Dopo un vivace scontro il 51° fa 400 prigionieri ed il villaggio di Blasowitz resta in nostro potere. Preso Blasowitz, Lannes fa occupare Holubitz e Kruh, villaggi situati lungo la strada per Olmütz, ed arriva a contatto con la fanteria di Bagration. Porta la divisione Suchet, obliquamente a sinistra e la divisione Caffarelli obliquamente a destra. Con quel movimento divergente, Lannes, separa la fanteria di Bagration dalla cavalleria del principe di Lichtenstein, respinge la prima a destra della strada di Olmütz, la seconda a destra, verso la salita sulle alture del Pratzen. In quel momento la cavalleria farà un secondo tentativo, piombando interamente contro la divisione Caffarelli, formata su una singola linea, che riceverà la carica con sangue freddo e abbondante moschetteria. I numerosi squadroni di Lichtenstein, sia pur in disordine, sono riallineati e gettati una seconda volta contro i nostri battaglioni. Questa volta intervengono i Corazzieri di Nansouty e d'Hautpoul, che stavano dietro alla fanteria di Caffarelli, si defilano al trotto dietro i ranghi della fanteria, si schierano sulla sua destra e mandano in rotta la formidabile massa di cavalleria nemica."*

In quei frangenti, Lannes é informato del successo dell'avanzata sul Pratzen. Ordina un attacco generale della sua fanteria. Sposta le truppe di Suchet verso Kowalowitz e la divisione di Caffarelli verso Holubitz, mentre il resto della sua fanteria e cavalleria di Kellermann e Walther combattono Bagration lungo la strada maggiore. Le truppe di Caffarelli affrontano la resistenza ostinata del 6° Jäger di Bagration ad Holubitz, prima di cacciarlo dalle case.

Alle 11 Kutuzov richiama l'arciduca Costantino e la Guardia russa sul Pratzen per cercare di contrattaccare i francesi di Vandamme; la partenza della forza d'élite zarista indebolisce tutta la linea centrale, ora tenuta solamente dalle unità di Liechtenstein. La situazione tra il settore nord ed il centro sembra confusa. Bagration, nel frattempo, ha schierato le sue forze lungo la strada di Olmütz con tre reggimenti di fanteria di traverso sulla strada con la cavalleria sui fianchi. Dirige il 5° reggimento Jäger, supportato dagli ussari di Mariupol e dai cosacchi di Khaznekov, verso le alture vicino a Siwitz. Il principe Pietro vuol fare un movimento aggirante sul fianco sinistro francese, mentre le sue forze principali attaccano Lannes di fronte.

Il 5° Jäger si spinge dentro le posizioni francesi, fino a Siwitz, e poi tenta di raggiungere Bosenitz e il Santon. Secondo una relazione ufficiale austriaca *"Gli avamposti francesi furono rovesciati in breve tempo, e solo il fuoco di artiglieria dell'ala sinistra* [francese] *là sopra* [Santon] *ha impedito ai fuggitivi di essere completamente spazzati via dai cosacchi e dagli ussari di Mariupol, arrivati di rincorsa. Jäger e Cosacchi si spinsero dentro la stessa Bosenitz e sorpresero una folla di predoni, alcuni dei quali furono riportati prigionieri, e il resto fu giustiziato sul posto."* Un battaglione del 17° leggero francese si ritira in ordine, respingendo le cariche russe, verso il Santon, dove la batteria francese bombarda i russi, costringendoli al ritiro. Osservando il 5° Jäger che si ritira, il 2° battaglione del 17° leggero, contrattacca e, sostenuto dalla cavalleria, riconquista Bosenitz. Vista la crisi nella parte centrale del campo di battaglia, Bagration prende l'iniziativa e cerca di muovere verso destra in modo da minacciare il colle del Santon. Gli Jäger russi, seguiti dai cosacchi e dagli ussari di Mariupol, sono entrati in Bosenitz, ma saranno respinti dalla cavalleria di Milhaud e Treilhard e dall'88° reggimento di linea.

Il generale Suchet ne approfitta per far avanzare le sue truppe in linea, contro le linee schierate di Bagration. Dopo aver messo in sicurezza i fianchi, Lannes, fa riprendere la sua avanzata generale. Bagration combatte i francesi con le salve delle sue batterie e il fuoco dell'artiglieria russa é così efficace che, in pochi minuti, le truppe di Lannes perdono circa 400 uomini, tra morti e feriti.

È a questo punto della battaglia che il generale Valhubert ha una gamba asportata da un palla di cannone che gli devasta la coscia. Rifiuta di essere evacuato e quasi muore sul campo, dissanguato (in realtà sarà portato a Brno, dove morì e la sua tomba è oggi una meta turistica). L'avanzata di Suchet è appoggiata dalle cariche di Kellermann a nord di Kruh; anche questo generale prende una palla che gli fracassa una gamba, com'è ferito anche il brigadiere Walther che carica con i suoi Dragoni. Alla fine tutta la linea di Bagration è respinta all'indietro, oltre Kowalowitz.

I francesi hanno messo in posizione una quindicina di cannoni e di fatto silenziano le bocche da fuoco di Bagration. Contemporaneamente, Lannes ordina ai reggimenti 30° e 17° di linea di procedere lungo il fianco sinistro per rinforzare Suchet. Bagration ora fronteggia le divisioni di fanteria di Suchet e Caffarelli, supportate dalla cavalleria di Riserva di Murat. La cavalleria leggera francese insegue i resti del 5° reggimento Jäger e gli ussari di Mariupol, sul fianco sinistro, mentre le forze di d'Hautpoul, Kellermann e Walther si ammassano al centro e sul fianco destro.

Nonostante la superiorità francese, la fanteria di Bagration resiste infliggendo notevoli perdite. Suchet commenta: *"Schierata in linee, la nostra fanteria resistette al fuoco incessante con totale compostezza, riempiendo le fila non appena queste avevano dei vuoti. La seconda linea soffriva molto per l'artiglieria* [russa], *ma rimase impassibile."*

É già pomeriggio quando Lannes finalmente, assicurati i villaggi di Holubitz e Kruh, spinge definitivamente le forze di Bagration lungo la strada maggiore. A nord, il generale d'Hautpoul ingaggia

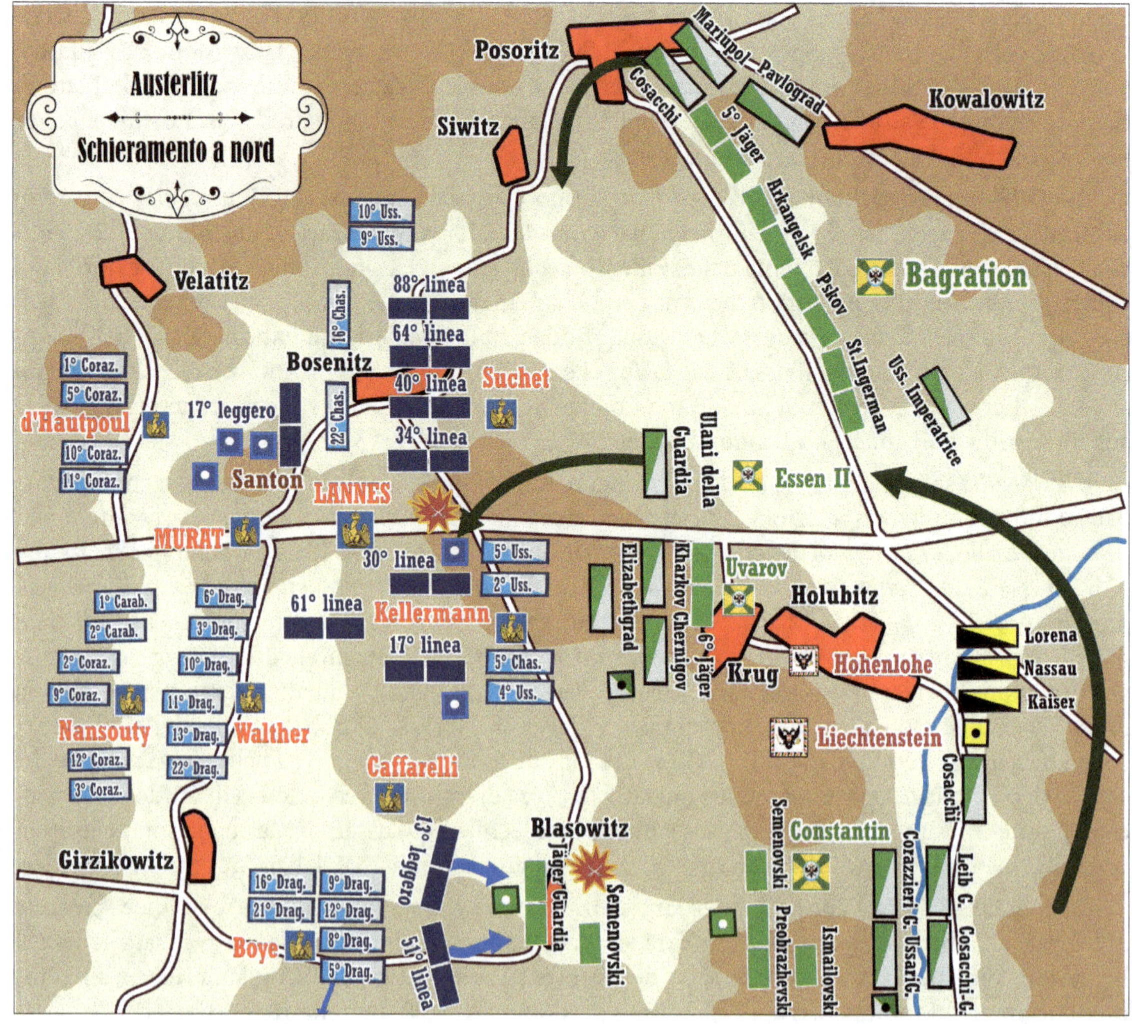

il 5° Jäger, in ritirata da Siwitz a Posorsitz, e poi a Kowalowitz. Bagration non ha ricevuto alcun ordine o messaggio, durante la battaglia, ma nel pomeriggio gli riferiranno del crollo del centro russo e del fianco sinistro.

Le ultime sacche di resistenza russa cessano di combattere sotto i colpi della cavalleria pesante di d'Hautpoul ed alle 15 del pomeriggio l'intero altopiano a nord di Holubitz è sgomberato dagli austro-russi, con Bagration in ritirata.

Bagration sfrutta la breve tregua, seguita allo spostamento degli avvenimenti a sud, per radunare le sue truppe e si ritira in direzione di Raussnitz, dove arriverà poco dopo le 16. Murat fermerà la sua avanzata alle 17.30 quando riceve la notizia che Krenowitz, oltre il Pratzen, è stata occupata dal corpo di Bernadotte, pensando che Napoleone possa aver bisogno ancora della sua cavalleria a sud. Alla fine l'unica formazione ancora in grado di battersi era la colonna di Bagration. Lo Zar Alessandro ordinerà ai resti del suo esercito di marciare verso l'Ungheria e al principe Piotr di coprire la ritirata.

Dopo essersi assicurato il controllo del Pratzen e aver compreso che sul fronte settentrionale Bagration si è allontanato verso est, diventando una forza innocua, Napoleone rivolge la sua attenzione quindi verso l'estremità meridionale del campo di battaglia, dove francesi ed alleati sono ancora in lotta per il possesso di Sokolnitz e Tellnitz. Al I Corpo di Bernadotte, che fino a quel momento non ha contribuito molto alla battaglia, si ordina di tenere l'altopiano del Pratzen e di portarsi a Krenowitz, mentre il compito di sferrare un nuovo attacco è affidato ancora ai provati reparti di

Saint-Hilaire e Vandamme, sostenuti dalla 3ª divisione di Legrand e da Davout, che deve liberare Sokolnitz. L'assalto si sviluppa su due fronti: la divisione Saint-Hilaire, con parte del III corpo di Davout e con il generale Legrand alla sua destra, sfonda le difese nemiche a Sokolnitz, catturando, dicono, 4000 prigionieri e costringendo i comandanti delle prime due colonne alleate, i generali Michael von Kienmayer e Langéron, a fuggire il più velocemente possibile verso sud, dopo l'inutile resistenza. Nel frattempo Vandamme marcia sul bordo meridionale del Pratzen, dove incalza la linea di Buxhöwden.

Alle 14, mentre Kutuzov studia le direttive per la ritirata, (lo Zar e tutto lo Stato maggiore se n'erano già andati un'ora prima), il suo centro, Kollowrath, la Guardia russa e la cavalleria di Liechtenstein, che ha lasciato Holubitz, appare, se non in rotta, in affannosa ritirata verso est. La battaglia è terminata e l'esercito alleato è stato praticamente distrutto. Il quartier generale alleato si trova nel caos più totale. Il principe Czartoriski descrive una totale confusione tra gli alti ufficiali russi e vede il generale Buxhöwden, che: "*aveva perso il cappello e i vestiti erano in disordine; quando mi vide a distanza, gridò: - Mi hanno abbandonato! Mi hanno sacrificato!*"

Alle 15.30 cade Krenowitz; a sud molti soldati russi non ascoltano più gli ufficiali e iniziano una fuga disordinata, temendo di essere accerchiati. Il Granatiere Coignet, dalla cappella di Sant'Antonio annota: "*Tutte le truppe battevano le mani, e il nostro Napoleone si dedicava alla sua tabacchiera; era la sconfitta totale del nemico. Poi, in mezzo a queste solenni circostanze, trovammo modo di ridere come dei ragazzi. Una lepre, che fuggiva in preda alla paura, arrivò dritta da noi. Il mio capitano Renard (Renard significa volpe in francese) lo vede e da un balzo per "sciabolarlo", ma la lepre fa uno scarto. Il mio capitano continua a inseguirlo e il povero animale ha solo il tempo di rifugiarsi, come un coniglio, in una buca. Noi che assistiamo a questa caccia, cominciammo a gridare ridendo: "La volpe non prenderà la lepre! La volpe non prenderà la lepre!" E infatti non riuscì a prenderla; anzi, si mise a ridere di se stesso, tanto il capitano era uomo eccellente, stimato e caro di tutti i suoi soldati.*"

▲ La rotta precipitosa e disordinata dei russi alla fine della battaglia. Tela di Nikolai-Samokish

L'esercito della Coalizione, stanco e demoralizzato, con qualche accenno di panico, ripiega in lunghe colonne in direzione est. Qualcuno ripiega passando sugli stagni gelati di Mönitz e di Satschan. Narrano che l'artiglieria francese, dalla cappella di Sant'Antonio, li bombardi, rompendo il ghiaccio degli stagni, causando così molti morti per annegamento. Questa affermazione è esagerata perché la distanza tra la cappella e gli stagni era fuori portata dell'artiglieria francese dell'epoca. In realtà tutta l'artiglieria sul Pratzen è in movimento e i drenaggi fatti dai Moravi in epoche successive smentiranno questa nota di colore storico. Secondo altre fonti, si dice che dopo il prosciugamento del bacino, siano state ritrovate alcune decine di cadaveri di cavalli e alcuni cannoni, ma solo due o tre corpi di soldati russi. Solo leggende.

Alle sedici passate arriva la notte e, come un sipario teatrale, chiude questo atto delle guerre napoleoniche. *"Ho visto molte battaglie perse ma non avrei mai pensato a una sconfitta simile!"* scrisse nelle sue note il generale russo Langeron.

Tra le fila dell'esercito alleato non c'era un uomo che conosceva questa località meglio del comandante della cavalleria austro-russa, il conte Johann I di Liechtenstein; lui possedeva, allora, tutta la tenuta di Posoritz. Oltre a Johann di Liechtenstein, c'era anche suo cugino Johann Baptist Joseph Möritz che comandava una brigata mista di cavalleria nell'avanguardia sud di Kienmayer. Sarà proprio Johann ad essere inviato dall'imperatore austriaco Franz II, a Napoleone con la proposta di capitolazione. È quasi l'alba del 3 dicembre, quando l'imperatore francese, soddisfatto, si sdraia su un pagliaio e s'addormenta, esausto. Ma il sonno non durerà a lungo. Johann von Liechtenstein arriva alla Vecchia stazione di posta, finita la battaglia. Dopo qualche esitazione l'aiutante di campo di Napoleone lo sveglia, con le seguenti parole: *"C'è qua il barone Liechtenstein."* Napoleone ascolta il diplomatico austriaco e riceve la capitolazione: *"Vostra Eccellenza non ha più nulla da conquistare"*, dice Liechtenstein, *"la battaglia è così definita che non potete aggiungere altro. Solo la pace si può aggiungere. »*

LE PERDITE

I Francesi ad Austerlitz persero 1537 morti ed ebbero 7000 feriti. I Russi persero 21000 uomini tra morti, feriti e dispersi più 133 pezzi d'artiglieria (giustificato con il terreno fangoso e accidentato), gli Austriaci 5922. Il numero dei Russi fa impressione, ma va detto che molti erano scappati, viaggiando poi per la Moravia e la Slesia, per incamminarsi, alla fine, verso casa. I Russi, inoltre, persero anche 9767 prigionieri, gli Austriaci 1686 mentre i Francesi soltanto 573. Da notare che il numero dei morti francesi risulta molto superiore a quello trasmesso da Napoleone, dopo la battaglia (questo tiene conto anche dei morti nei giorni successivi alla battaglia, dato che nel giorno della battaglia morirono sul campo 884 soldati e 69 ufficiali) e che il 79% delle perdite fu a carico della fanteria. Ben 711 morti appartenevano al Corpo di Soult, mentre per la cavalleria fu la 3ª divisione di Dragoni (comandata provvisoriamente da Boye) ad avere la peggio con 58 morti, seguita da d'Hautpoul con 56. Il soldato francese più giovane morto ad Austerlitz, Ciarre, aveva 15 anni, era corso del battaglione Tirailleurs, unità che ebbe, curiosamente, anche il soldato più anziano deceduto, Germolacci.

Il caduto più celebre di Austerlitz fu sicuramente il difensore del Santon, il generale di brigata Valhubert. Dicono che un'ora prima di morire scrivesse a Napoleone: " *Avrei voluto fare di più per Voi; morirò tra poco. Non rimpiango affatto la vita, perché sono stato parte di una vittoria che vi renderà un Regno felice. Quando Voi penserete ai coraggiosi che Vi sono stati devoti pensate alla mia memoria. Mi basta dire a Voi che ho una famiglia; non ho il bisogno di raccomandarvela.*" Jean Marie

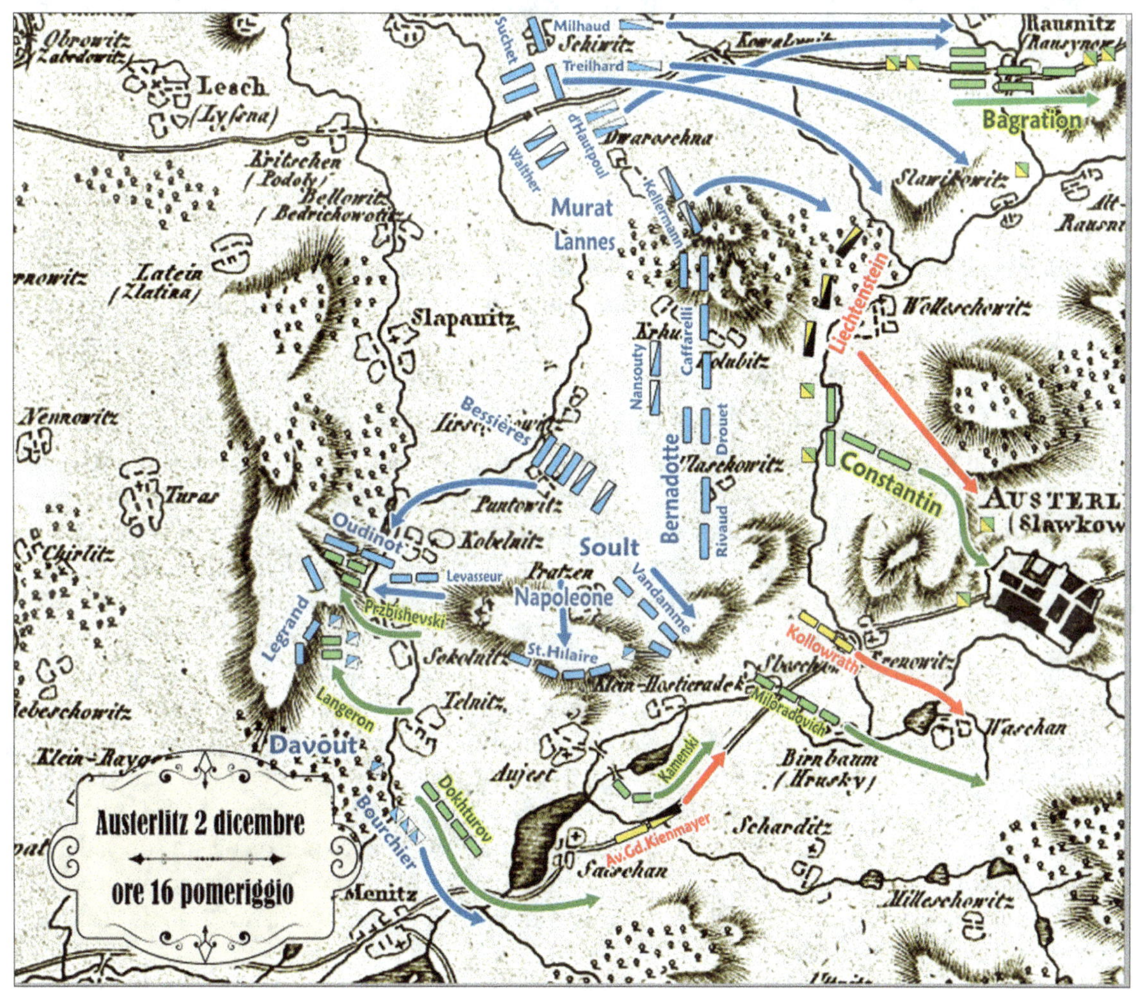

▲ Un immagine coeva della battaglia.

Roger Valhubert, sarebbe morto a Brno e sepolto nell'ex cimitero della città. La pietra tombale del più alto ufficiale, morto in battaglia, la trovate oggi al parco Tyrš di Brno, tra via Kounicova e via Botanická, quindi non lontano dal centro della città. Valhubert, sul Santon, fu ferito a morte, colpito da una palla di cannone o dallo scoppio di una granata. Era davvero un uomo con la vocazione d'eroe. Quando i suoi soldati lo vollero soccorrere, li rimproverò con le seguenti parole: "*Tornate alle vostre posizioni, posso morire anche qui. Non bisogna che per un uomo se ne perdano altri sei!*" Nonostante l'insistenza del generale, i suoi soldati lo trasportarono al lazzaretto di Šlapanice e da lì a Brno, dove morrà tre giorni dopo. La cerimonia funebre ebbe luogo nella chiesa di San Giacomo. Dopo la messa, i soldati portarono a spalla le sue spoglie mortali al cimitero.

A Brno esiste ancora, nei pressi del vecchio Mercato, il teatro Reduta, probabilmente l'edificio teatrale più antico dell'Europa centrale. I francesi vi stiparono i prigionieri russi, dopo la battaglia di Austerlitz. Poco dopo, vi si installò un ospedale per feriti intrasportabili dell'armata francese. Altri feriti rimasero nei lazzaretti intorno al campo di battaglia di Austerlitz, come a Šlapanice o a Ponětovice. Uno di quelli trasportati a Brno, era il generale Thiébault, gravemente ferito. Era portato in barella da 4 soldati russi, quando sei francesi li sostituirono bruscamente dicendo: "*Spetta a noi l'onore di trasportare un generale francese.*" Il colpo, che aveva attraversato il suo corpo, aveva generato anche numerose lesioni interne e sette fratture. Nessuno pensava potesse sopravvivere. Avendo il presentimento della sua imminente fine, Napoleone stesso pronunciò un breve elogio funebre: "*Non si può avere una morte più bella*", disse al suo generale, che sicuramente toccò ferro. Grazie all'ottimo lavoro dei medici, tuttavia, il generale riuscì a guarisce miracolosamente. La cosa fece comunque irritare tale Kajetán Unterweeger, il guardiano della tipografia di via Orlí, dove il generale stava, convalescente. Il generale aveva un suo chirurgo personale, un suo valletto, un suo cuoco, tre domestici, quattordici cavalli e otto uomini di scorta. Occupava sei stanze, che Unterweeger doveva riscaldare. "*Dio sia con me!*" diceva il povero guardiano "*Non so che cosa dovrò ancora fornire e procurare*".

Oltre al fortunato Thiébault , altri ufficiali ebbero vita dura ad Austerlitz, Il conte di Saint-Hilaire fu ferito all'inizio dell'attacco sul Pratzen e rimase tutto il giorno sul campo di battaglia, incitando i suoi. Il generale di divisione Kellermann, il conte Walther, i generali di brigata conte Sébastiani, Dumont, Manzy, i conti Compans e Rapp, aides de camp dell'imperatore, rimasero tutti feriti. Rapp, caricando alla testa dei Granatieri della Guardia, catturò il principe russo Repnin, comandante della cavalleria della Guardia imperiale russa. La Guardia francese, invece, perse il colonnello degli chasseurs à cheval, Morland, finito a pezzi per un colpo di mitraglia, mentre caricava una batteria di cannoni della Guardia russa. Il colonnello Mazas, del 14° di Linea, fu ucciso, mentre andò meglio al colonnello Corbineau, scudiero dell'imperatrice, comandante il 5° reggimento chasseurs à cheval, che ebbe quattro cavalli uccisi mentre li cavalcava e, sul quinto, fu ferito mentre catturava una bandiera avversaria.

Per quanto inerente le cure ai feriti, è interessante in caso di Schlapanitz o Lapanz (oggi Šlapanice). Durante la battaglia di Austerlitz, il villaggio venne a trovarsi nell'immediata retroguardia francese; il che ne faceva un posto ideale per la cura dei feriti ma anche per la detenzione dei prigionieri. Durante la battaglia, circa 400 russi furono detenuti nella chiesa. Due grandi edifici servivano per le esigenze dei medici militari – le vecchie scuole monastiche (oggi un museo) e il castello dei Blümegen, dove furono installati ospedali da campo e un'unità chirurgica. Al tempo della battaglia, Jean Dominique Larrey, capo-chirurgo della Guardia imperiale francese, vi si recò al lavoro. Larrey era noto per aver introdotto nuovi e, per certi versi, rivoluzionari protocolli nella cura dei malati. La prima cosa era una vera novità per l'epoca: si trattava di fornire le prime cure rudimentali il più rapidamente possibile, una specie di pre medicazione. Per questo si usavano ambulanze mobili su carri, dette "ambulanze volanti" (ambulanze perché mobili). Si trattava di una vera rivoluzione in campo medico (da qui nasce l'idea di Pronto Soccorso) dato che, fino ad allora, anche i feriti con le lesioni più gravi rimanevano sul campo di battaglia, spesso, per molte ore, senza alcun soccorso. Nonostante la grande carenza di attrezzature mediche e le scarse condizioni igieniche, Larrey e i

▲ La battaglia di Austerlitz del dicembre 1805 alle ore 16,00, tela di Jean Antoine Simeon Fort.

suoi assistenti salvarono decine di vite umane, grazie ad interventi tempestivi e ben eseguiti.

Le cure chirurgiche non avevano molte alternative, all'epoca. Gli interventi più frequenti erano le amputazioni degli arti, a volte anche per ferite lievi, per prevenire la cancrena della ferita infetta. Un'amputazione circoscritta richiedeva, per un medico esperto quale Larrey e i suoi colleghi, incredibilmente solo due - quattro minuti. La velocità era necessaria proprio perché l'anestesia non esisteva ancora . Larrey raggiungeva un effetto pseudo anestetico, attraverso l'ipotermia della ferita o tintura di oppio (laudano). Il ferito era, anche, e spesso, drogato con l'acquavite. L'unica lotta senza speranza era contro le epidemie di malattie infettive, che si diffondevano per mancanza di un'adeguata igiene.

« Mai un campo di battaglia aveva presentato una simile devastazione così angosciante come quella di Austerlitz ; il terreno era coperto di morti, morenti, feriti, di innumerevoli detriti, di armi e corazze, di ogni sorta di oggetto disperso qua e là, abbandonati dai Russi fin dai primi attimi della battaglia … Rientrai alle 4 di mattina alla nostra ambulanza centrale (un mulino nei presi di Schlapanitz. NdT) *dove ancora facemmo medicazioni a quelli cui non era stato possibile prestare il primo soccorso. Il giorno dopo li feci evacuare tutti a Brün* (Brno), *accompagnati dal chirurgo maggiore Paulet, per essere ricoverati nel convento adibito ad ospedale … Sua Maestà mi diede anche l'incarico di far prelevare e di conservare la salma del colonnello degli chasseurs à cheval Morlan* (Morland, che poi sarà imbalsamato prima di essere traslato in Francia, secondo l'usanza militare), *caduto alla prima carica.*

[…] Avevamo appena riunito, nella città di Brün, i feriti francesi e russi, il cui numero era considerevole , che scoppiò tra loro una malattia epidemica, che diagnosticammo essere una febbre putrida, nervosa, maligna, nosocomiale (adinamico - atassica) o tifo contagioso, com'era detta un tempo. Iniziava con dolori alla testa, brividi irregolari, soprattutto alle estremità. Questi brividi erano seguiti da un colpo di calore passeggero. Le piaghe, la cui suppurazione diminuiva inizialmente, assumevano il carattere di cancrena ospedaliera, che faceva poi progressi rapidi. Il dolore alla testa, il calore esterno e l'ansia aumentavano; il polso, che prima era debole e lento, diventava più intenso e irregolare; l'urina era torbida e giallastra. In alcuni soggetti, le feci erano normali; ma nel maggior numero, la diarrea era uno dei primi sintomi della malattia. L'udito e la vista acquisivano una sensibilità estrema; le funzioni del sistema muscolare erano disturbate; c'era tremore negli arti, tremore nei tendini e comunemente il delirio si impadroniva del malato alla fine di questo primo periodo.

A questi primi accidenti, seguivano dolori nella regione epigastrica, coliche, vomito preceduto e accompagnato da singhiozzo … Il malato cadeva nel sonno e in uno stato di insensibilità generale; faceva movimenti automatici, di breve durata, a causa della prostrazione delle forze. Il polso diminuiva di volume man mano che aumentava di velocità; … Ogni volta che vedevo questo segno nel primo periodo, prevedevo l'esito fatale della malattia […] Era un'epidemia. Infatti, i malati nella stessa stanza non tardarono ad essere colpiti dagli stessi sintomi. Il male si propagava da vicino a vicino; infettava gli ospedali, e successivamente le case vicine, a causa delle frequenti comunicazioni degli individui e forse della trasmissione dei miasmi deleteri, con i venti del sud, quando soprattutto c'era da percorrere una molto breve distanza."

Dominique-Jean Larrey, Capo Chirurgo della Guardia.

Quella malattia sconosciuta, probabilmente un'infezione batterica o un tifo contagioso, fu la vera causa dell'elevata mortalità registrata dopo la battaglia. Gli ospedali furono presto congestionati di febbricitanti, e la mortalità proporzionalmente aumentò. L'epidemia si diffuse, contemporaneamente, anche tra i prigionieri russi, che erano stati ammassati, in gran numero, nelle chiese e in altri luoghi capienti; infine non tardò a diffondersi tra gli abitanti, e si estese successivamente su tutta la linea di evacuazione, fino in Francia, per l'effetto del trasporto dei malati delle due nazioni e di quello dei prigionieri.

L'EPILOGO DELLA BATTAGLIA

Perché fu chiamata così? Quando Napoleone depose la spada e prese la penna per dedicarsi ai resoconti, le sue riflessioni ruotavano circa il nome da dare alla battaglia. Come battezzare una battaglia che si era svolta entro un raggio di 120 chilometri quadrati, non lontano da Pratzen, Bosenitz, Tellnitz, Schlapanitz e molti altri villaggi? *In tutti questi posti ed allo stesso tempo? É impossibile. Devo trovare un nome maestoso*", pensò sicuramente Napoleone. Dopo una breve esitazione forse scrisse: "*L'ho trovato!*". Anche se il campo di battaglia si estendeva, più davanti a Brno, la battaglia di Brünn suonava male in francese. Così l'imperatore nominò la battaglia dal luogo del suo attuale soggiorno, proprio là dove si trovava con il suo Staff e fu "*la battaglia di Austerlitz*". Durante le ore serali Napoleone pronunciò il suo primo proclama dal balcone del castello (il palazzo) ai suoi soldati, terminandolo con le seguenti parole: "*Soldati, quando sarà compiuto tutto ciò che è necessario per assicurare la felicità e la prosperità della nostra patria, vi riporterò in Francia; lì sarete oggetto delle mie più tenere sollecitudini. Il mio popolo vi rivedrà con gioia, e vi basterà dire: - Ero alla battaglia di Austerlitz - perché si risponda, Ecco un eroe*"».

Questo è tutto Napoleone. Conosceva bene le alte valute e propagandisti. Ma non amava troppo i fatti statistici concreti. Spesso dichiarava più vittime dalla parte dei nemici che non dalla realtà. L'imperatore francese sapeva come far sì che le sue vittorie descritte sulla carta sembrassero grandiose. Vicino ad Austerlitz fu anche firmato l'armistizio con l'Austria. In una giornata piovosa, il 4 dicembre 1805. Napoleone fu il primo ad arrivare al luogo convenuto. "*Accendete due fuochi e piantate la tenda*", ordinò ai suoi soldati. Dopo una lunga attesa arrivò Franz II, che, certamente, non aveva troppa fretta visto com'erano andate le cose. Era insieme a Johann I di Liechtenstein, accompagnatore ufficiale dell'imperatore austriaco. Napoleone si diresse verso le porte della carrozza di Franz II dicendo "*Mi scuso ma sono palazzi che Vostra Eccellenza mi costringe ad abitare da due mesi*" e indicava la tenda vicino alla strada. Franz replicava, lo affermano testimoni oculari: "*Sta molto bene in queste dimore, Signore, quindi non c'è motivo di essere arrabbiato.*"

Il vecchio mulino sul torrente bruciato (Spálený Potok) tra Žarošice e Násedlovice, noto come «Spáleňák» divenne il testimone muto di un altro evento importante. Napoleone e Franz II si accordarono per un armistizio sotto un tiglio che si trovava proprio lì. L'albero "storico" ascoltò quindi il dialogo in cui l'imperatore francese presentò, al suo avversario, lo sgradevole conto del suo trionfo.

▲ La vecchia costruzione del "mulino bruciato" con la targa dell'armistizio del 4 dicembre

Ma perché il colloquio avvenne sotto un tiglio? Nel piano originale concertato, il confronto dei due imperatori doveva svolgersi all'interno del mulino, ma c'era una puzza insopportabile, che aggiunta alla mancanza di spazio, li costrinse a cambiare i piani. Alla fine, la trattativa si svolse sotto le fronde di un tiglio, che si trovava nelle vicinanze. Condussero i loro colloqui a quattro. Da un lato Franz II, con il principe del Liechtenstein, dall'altro Napoleone, con il maresciallo Berthier. Gli imperatori camminavano avanti e indietro, sotto il tiglio e si fermavano di tanto in tanto vicino al fuoco per riscaldarsi un po'. Gli ufficiali dei due Sovrani mantennero una distanza educata e si raggrupparono attorno al secondo fuoco. *"Peccato, perché così non abbiamo sentito quasi nulla"* dissero. Infatti non rimase alcun resoconto di quel colloquio, se non che i due imperatori erano, probabilmente, di buon umore. Verso la fine Napoleone disse: *"Dunque, Vostra Eccellenza mi promette di non condurre più alcuna guerra contro di me?"* *"Lo giuro e manterrò la parola"* rispose Franz II, che si smentirà quattro anni dopo.

> Da allora si cominciò a chiamare quel tiglio memorabile, come "il tiglio imperiale". Un po' più tardi fu costruita la Janův Dvůr (la corte di Giovanni) dalla quale, un piccolo sentiero lastricato conduceva verso l'albero. Cento anni dopo l'incontro degli imperatori, nel 1905, sulla facciata della corte fu posta una targa informativa con iscrizione bilingue, ceco-tedesca. *"Due giorni dopo la battaglia di Austerlitz, il 4 dicembre 1805, gli imperatori Franz II e Napoleone si riunirono sotto il tiglio, qui di fronte, per concordare l'armistizio e finire quella guerra sanguinosa."* Ma con il passare del tempo del tiglio, cui nessuno aveva prestato molta attenzione, non rimase che un tronco marcio. Nel 1919 si fece piantare, nel luogo dello storico incontro, un fratello minore del tiglio imperiale, che oggi è diventato un albero altissimo. A chi interessa va detto che parti del tronco leggendario sono state conservate e si possono vedere al castello di Austerlitz e al museo Vrbas, presso il castello di Ždánice, dove tutta una parte è dedicata alla tematica napoleonica.

Il castello di Austerlitz non fu solo testimone del riposo di importanti Sovrani, ma anche di notevoli eventi storici. Anche se le condizioni dell'armistizio furono abbozzate al mulino, da Napoleone con l'imperatore austriaco Franz II, la vera firma dell'armistizio avvenne due giorni dopo - il 6 dicembre al castello di Austerlitz. Questo fu fatto nell'attuale sala storica, dotata di una strana acustica (gli architetti dell'epoca volevano che nessuno potesse sentire le discussioni dietro la porta). La firma del documento stesso fu effettuata senza i Sovrani rappresentanti degli stati contraenti. Fu quindi il principe Johann I di Liechtenstein a firmare per gli austriaci e Louis-Alexandre Berthier per i francesi. Le clausole dell'armistizio, inoltre, ordinavano alla Russia, sconfitta, di lasciare il territorio austriaco e soprattutto l'Ungheria e la Moravia entro quindici giorni. Chi visita il castello sarà deluso dal fatto di non trovare il letto originale sul quale Napoleone aveva dormito. Il letto a vista, infatti, è stato ricomposto da diverse

▲ La targa dell'armistizio del 4 dicembre

parti provenienti dal XVIII e XIX secolo. Alcune di queste parti in legno provengono da altre attrezzature - ad esempio da un pulpito. Va detto che, anche se Napoleone dormiva in un letto consono alla sua posizione, lui non teneva molto al lusso. Per esempio, passò alcune ore, della notte prima della battaglia, in una capanna costruita provvisoriamente dai suoi zappatori sullo Žuráň. Era tipico per lui lavorare molto e dormire poco; solo poche ore durante il giorno. Prima di una battaglia dormiva soprattutto sulla sua branda militare e raramente in un letto confortevole.

I russi esamineranno quella sconfitta con attenzione e lo stesso Zar chiederà un rapporto ufficiale. Kutuzov ci metterà un anno a stilare il suo pensiero sulla sconfitta di Austerlitz. Il 13 marzo 1806 attribuirà la colpa della batosta a Miloradovich e Przibishewski, accusando il secondo si essersi trincerato dentro il villaggio di Kobelnitz *"senza aver preso misure di sicurezza, cosicché il nemico potè accerchiarlo e prendere prigionieri gran parte dei suoi soldati."* In una lettera antecedente al rapporto, il 2 febbraio 1806, indirizzata a Kutuzov , il generale Buxhöwden attribuisce la sconfitta al generale Langeron *".. per aver consentito al nemico di attaccare le sue retrovie, senza averlo preventivato ..."* L'aspetto più interessante della relazione di Buxhöwden non è tanto l'accusa ai vari generali, ancorché non russi, ma sono alcune osservazioni che rivelano la natura del comando in Russia. *"In passato non capitava mai di vedere uomini che lasciavano il campo di battaglia a causa di una botta o ferite leggere, tutti cercavano, per quanto possibile di restare con le proprie unità [...] attribuisco la responsabilità dei pessimi esempi, che mi sono stati riferiti, all'insubordinazione che un tempo non esisteva; paragonando i rapporti tra subordinati e superiori in grado dell'epoca in cui noi eravamo ufficiali, non ci si può esimere dal constatare una differenza troppo sensibile. Un tempo si osservava strettamente un profondo rispetto e fiducia da parte dei subordinati nei confronti dei propri ufficiali [...] I generali e tutti quelli che genericamente avevano onorificenze erano considerati dai subordinati come esseri superiori con qualità del tutto peculiari, quasi soprannaturali se paragonate a quelle loro.*

Al contrario oggi non c'è alcun rispetto per il rango [...] tutti si legano con una familiarità reciproca che genera l'indifferenza e mancanza di rispetto per il superiore. Qualcuno potrebbe trovare cieca l'antica subordinazione dei subalterni, ma era la causa dei successi dei tempi andati; dobbiamo assolutamente ristabilirla."

L'apologia di Buxhöwden è l'apologia del vecchio principio federiciano secondo il quale il soldato deve temere più il proprio ufficiale che il nemico. La familiarità dei rapporti è considerata un disastro e come la principale causa della sconfitta. È un differenza totale rispetto a quanto avveniva presso la Grande Armée, dove la familiarità degli ufficiali era spesso considerata un valore morale aggiunto; laddove il carisma dell'ufficiale e l'onore erano i valori trainanti. Per questi motivi il soldato francese aveva la possibilità ed era incoraggiato a far carriera tra i ranghi. La chiosa del generale Buxhöwden rivelava anche la profonda differenza tra due società, una formalmente costituita da persone uguali di fronte alla Legge, l'altra fondata sui privilegi dell'aristocrazia.

Austerlitz, secondo i militari russi fu persa dalla Coalizione per colpa del "francese" Langeron, condannato da una discutibile commissione d'inchiesta, presieduta addirittura da uno dei principali imputati, Miloradovich. Il fatto sarà all'origine delle celebri memorie al vetriolo del generale *emigré*, riprese, come un Vangelo, a tamburo battente, dalla quasi totalità degli storici postumi. I diplomatici russi, invece, diedero la colpa agli Austriaci e al loro Capo di Stato maggiore, Franz von Weyrother; gli austriaci rassegnati, abbozzarono. Kutuzov respinse energicamente ogni addebito riguardo il Piano di battaglia ed avvicinandosi al reggimento granatieri della Guardia, Izmailovski, s'intrattenne con un ufficiale dicendo: *"Me ne lavo le mani."* Sette anni dopo, durante la campagna del 1812, dopo aver respinto i Francesi, mentre se ne stava su una panca riparato dalla pioggia da alcune bandiere francesi catturate, notò, su una di esse la scritta *"Per la battaglia d'Austerlitz"*. Così rivolto ai presenti disse: *" Signori, Voi siete giovani e mi sopravvivrete, sentirete parlare delle nostre guerre. Oltre a tutto quanto è accaduto oggi, dinnanzi ai vostri occhi, un successo in più o una sconfitta in più non hanno alcun valore per la mia carriera militare e sono indifferenti alla mia gloria. Però*

Secondo le fonti russe non esisteva nessuna unità di comando, ciascun Capo colonna faceva quello che gli pareva, secondo la sua ispirazione. Le disposizioni prese da Langeron e Przbishevski furono contraddittorie, tanto che il primo fu invitato a dimettersi. La lettera a lui indirizzata dal conte Lieven per l'occasione, fu corretta a mano dallo stesso Zar. Diceva così: *"Gli avvenimenti della giornata del 20 novembre (il 2 dicembre secondo il calendario russo) sono stati piuttosto disgraziati per la colonna al comando di Vs. Eccellenza, Sua Maestà è stata poco soddisfatta del modo in cui questa colonna è stata condotta e, tramite questa lettera e per venire incontro alla Vs cortesia, Vi accorda la facoltà di chiedere le Vostre dimissioni."* Przbishevski fu tradotto davanti a un Tribunale di guerra con l'accusa di essersi arreso all'inizio della battaglia. Alla fine il Tribunale ammise che fu fatto prigioniero alla fine dello scontro. Dopo che la sentenza giunse al Tribunale Imperiale (Corte suprema militare) le accuse furono cambiate in a) mancanza di precise istruzioni ai generali della colonna e b) mancanza di collegamenti con le altre colonne e assenza di provvedimenti per garantire la ritirata in territorio ungherese. Przbishevski fu così congedato e degradato; dovette servire come soldato semplice in un reggimento per un mese. Il 25 novembre 1810 lo Zar confermò la sentenza. Due battaglioni del reggimento di Novgorod furono giudicati colpevoli di grave disordine. Lo Zar ordinò che tutti gli ufficiali e graduati portassero spade senza dragone, che i soldati fossero privati della sciabola e che il loro servizio fosse esteso a 5 anni. Le stesse punizioni furono estese a tutti coloro i quali avevano abbandonato le loro unità.

Secondo chi scrive, invece, è più opportuno pensare che la fase decisiva della vittoria francese si consumasse proprio nella parte più pericolante dello schieramento, a sud ovvero alla destra di Napoleone, dove stavano arrivando circa 30.000 austrorussi e dove la difesa fu accanita.

▲ Napoleone e Francesco II dopo la battaglia di Austerlitz. Quadro di Antoine-Iean Gros.

AUSTERLITZ - GLI SCHIERAMENTI

Anzi tutto il nome: tutt'Europa conosce questa località con il nome che aveva all'epoca dell'evento: Austerlitz, il nome in tedesco della cittadina in cui fu firmata la pace. Ora quella cittadina si chiama con il nome ceco: Slavkov. Sulle cartine, quindi, se volete trovare Austerlitz dovete cercate Slavkov u Brna, e ciò, per chi non lo sa, costituisce una prima difficoltà.

Poi, per l'individuazione dell'area: perché Slavkov (o Austerlitz) è la località dove, all'interno dello storico palazzo, venne firmato l'armistizio che poneva fine alle ostilità (il trattato di pace fu poi firmato a Presburgo, oggi Bratislava), mentre la battaglia non venne combattuta a Slavkov, ma su un'area di vastissima estensione, ubicata tra Brno e Slavkov, che comprende diversi villaggi molto piccoli, non lontano dall'aeroporto internazionale di Brno. Oggi la località è abbastanza ben segnalata, ma comunque per raggiungerla in modo agevole occorrono specifiche informazioni alcune delle quali si possono trovare qui.

> **Slavkov u Brna (Austerlitz)** - Austerlitz è il nome tedesco di questo paese. Ha un palazzo barocco, appartenente alla famiglia Kounic, disegnato da un architetto italiano, Domenico Martinelli. I tre Imperatori vi dimorarono tutti prima o dopo la battaglia. Il 6 dicembre qui fu firmato l'armistizio nella Sala degli Specchi e Napoleone indirizzò un proclama alla folla, dal balcone del palazzo. Celebre la sua frase: *"Se direte – io ad Austerlitz c'ero – Tutti risponderanno – Sei un eroe!"*

IL CAMPO DI BATTAGLIA

La battaglia di Austerlitz coinvolse tre grandi armate, quella francese, quella austriaca e quella russa, per un totale di quasi **160.000** uomini. Circa 73.000 erano i francesi, e più di 85.000 gli austro-russi. Il fronte della battaglia, che si svolse per tutta la giornata del 2 dicembre 1805, coprì un'estensione molto vasta, di circa 120 km^2, in cui sorgevano una trentina tra cittadine e villaggi, a metà strada tra **Brno** (Brünn) e **Slavkov** (*Austerlitz*). L'armata francese, proveniente da ovest, era schierata, con le spalle a Brno, di fronte a quella austro-russa proveniente da sud (austriaci) e da est (russi).

Nelle tabelle seguenti si possono notare le variazioni atmosferiche al tempo della battaglia e l'escursione solare nei giorni 1 e 2 dicembre 1805. Il meteo di allora dà un resoconto di cielo molto nuvoloso, per cui non sappiamo bene se il famoso "Sole di Austerlitz" fece davvero capolino tra le nubi o fosse soltanto una metafora.

Quanto al campo di battaglia, possiamo identificare tre grandi aree di scontro, corrispondenti, da nord a sud, all'ala sinistra, al centro, e all'ala destra francese.

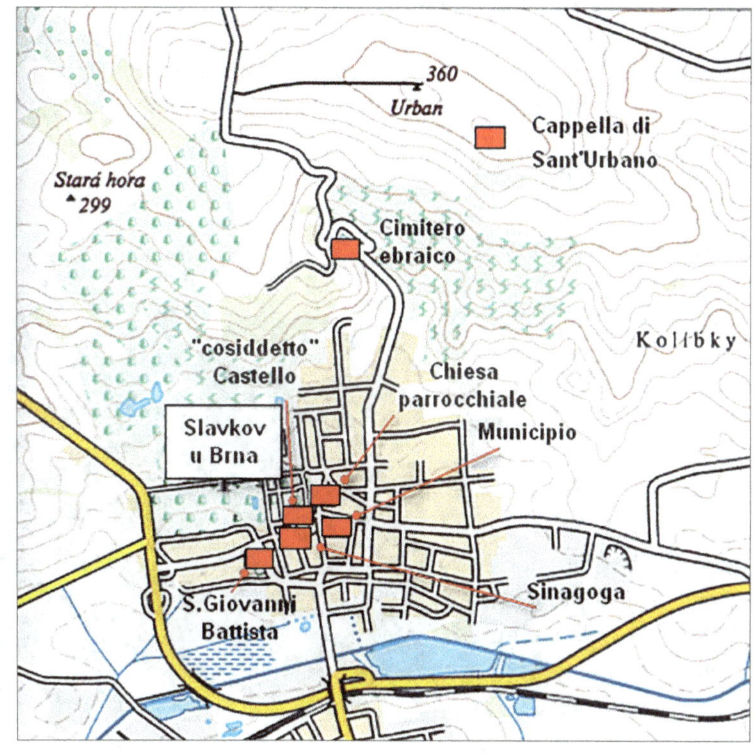

TEMPO	TEMPERATURA		VENTO		NUVOLOSITA'		METEO
DATA	giorno (media)	notte	direzione	intensità	giorno	notte	
30-nov	2°	0,9	S-SE	debole	COPERTO	id	NEVE
01-dic	2,5°	2°	S-SE	media	COPERTO	id	NEBBIA
02-dic	5,2°	3,6°	SE	debole	MOLTO NUVOLOSO	id	NEBBIA PIOGGIA
03-dic	2,5°	0,9°	NO- N	debole	MOLTO NUVOLOSO	COPERTO	NEVISCHIO

1805	Sunrise/Sunset		Daylength	
dic	Sunrise	Sunset	Length	Difference
▼ 1	7.24 (123')	15.56 (236')	8:31:38	−1:55
▼ 2	7.25 (124')	15.55 (236')	8:29:49	−1:49

▲ Il sole a Brno quel giorno

IL SETTORE NORD O ALA SINISTRA FRANCESE

L'ala sinistra francese era composta dal **V Corpo d'Armata di Lannes** ovvero dalle divisioni Suchet e Caffarelli ed era schierata in prossimità del villaggio di Bosenitz (oggi Tvarožná) e il colle del Santon.

Bosenitz (Tvarožná) è un villaggio noto sin dal 1288. Il villaggio ha una replica di un cannone Gribeauval francese davanti al municipio. Oggi è noto perché sede della rievocazione della battaglia. Lì vicino c'è il **Santon**, celebre colle fortificato, sta lì vicino. Si chiamava Padělek o colle di Tvarožná. Napoleone aveva ordinato al brigadiere Michel Claparède di schierare il suo 17° reggimento di fanteria leggera dentro tre anelli di trincee, che giravano attorno alla collina, rinforzati dal tiro di 18 pezzi, al comando del gen. Sénarmont. La collina era detta dai Francesi Le Santon (pare perché ricordava una collina dalla forma simile, che era stata notata in Egitto - le fonti imperiali, e un quadro, la dicevano sede di una cappella matrimoniale dedicata a St.Anton = Santon). La chiesetta della Madonna della Neve o della Santa Vergine era stata abbattuta dai Francesi prima della battaglia per far trincee. Sarà ricostruita nel 1832 (aveva targhe commemorative dei generali francesi Claparède, Valhubert e del generale russo Bagration). Sul Santon fu ferito e il generale - Jean Marie Roger Valhubert, che morì pochi giorni dopo a Brno e fu sepolto nell'ex cimitero della città, oggi Tyrš dove c'è un memoriale.

▲ Collina di Santobìn con la cappella di San Nicola.

Tvarožná – Blažovice (Bosenitz – Blasowitz) – L'incrocio stradale.

L'area fu teatro di epici scontri di cavalleria, forse le più epiche cariche della storia napoleonica. A sud dell'incrocio stradale, 20000 cavalieri si urtarono in numerose ondate, tra le 9 e le 11 del mattino. Fu qui che il cognato di Napoleone, Gioacchino Murat, guadagnò la sua fama di guida di armate di cavalleria. Il comandante della cavalleria austriaca il FML Johamn Joseph zu Liechtenstein, padrone del palazzo della vicina Pozořice, gli seppe tenere testa.

SCHIERAMENTI D'ALA FRANCESI

– a NORD della strada per Olomouc (Olmütz)– erano schierati Suchet e d'Hautpoul al comando di Lannes.

V Corpo Maréchal Jean Lannes

3ª Divisione (général-de-division o GdD) Louis Gabriel Suchet

1ª Brigata (général-de-brigade o GdB) Michel Marie Claparède

17° regg. fant. leggera 2 btg - 1373 - Colonel Dominique Honoré Antoine Marie Vedel (nelle trincee del Santon)

2ª Brigata GdB Nicolas Léonard Bagert Beker
34° regg. di Linea 2 btg- 1615 - Colonel Jean Antoine Dejean
40° regg. di Linea 2 btg - 1149 - Colonel François Marc Guillaume Legendre d'Harvesse
3ª Brigata GdB Jean Marie Mellon Roger Valhubert
64° regg. di Linea 2 btg - 1052 - Colonel Claude Nerin
88° regg. di Linea 2 btg - 1428 - Colonel Philibert Jean Baptiste François Curial
Artiglierie 15ª Compagnia del 5° regg. a piedi - 8 pezzi / 16ª Compagnia 5° regg. a piedi - 2 pezzi / 5ª Compagnia del 1° regg. a piedi - 4 pezzi. (191 uomini).
Una Batteria regolare d'artiglieria a piedi avrebbe dovuto avere: 1 cannone da 12 libbre + 4 cannoni da 8 lib. + 1 cannone da 4 lib.
2ª Divisione di cavalleria pesante GdD Jean Joseph Ange d'Hautpoul
1st Brigade Adjutant-Commandant François Xavier Octavie Fontaine (sostituito dal colonnello Noirot)
1° regg. Corazzieri 3 squadroni (sq.) - 298 - Colonel Marie Adrian François Guiton
5° regg. Corazzieri 3 sq. - 270 - Colonel Jean Baptiste Noirot
2ª Brigata GdB Raymond Gaspard de Bonardi count de Saint Sulpice
10° regg. Corazzieri– 3 sq. – 224 - Colonel Pierre François Lataye
11° regg. Corazzieri - 3 sq. – 251 - Colonel Albert Louis Emmanuel Fouler
Artiglierie – 4ª Compagnia, 2° regg. a cavallo - 3 pezzi (85 uomini).
Una regolare mezza batteria a cavallo avrebbe dovuto avere 2 cannoni da 8 lib. + 1 obice e 44 uomini.
– a SUD della strada per Olomouc– divisioni Beaumont, Caffarelli, Kellerman, Nansouty e Walther al comando di Murat.
Riserva di cavalleria Maréchal Joachim Murat
1ª Divisione di cavalleria pesante GdD Etienne Marie Antoine Champion, Comte de Nansouty
1ª Brigata GdB Joseph Piston
1° regg. Carabinieri – 3 sq. 195 - Colonel Antoine Cristophe Cochais (secondo altre fonti Francesco Borghese, futuro VII principe di Sulmona sostituiva il colonnello titolare)
2° regg. Carabinieri - 3 sq. 182 - Colonel Pierre Nicolas Morin
2ª Brigata GdB Armand Lebrun Comte de La Houssaye
2° regg. Corazzieri - 3 sq. 249 - Colonel Jean Frédéric Yvendorf
9° regg. Corazzieri - 3 sq. 250 - Colonel Jean Pierre Doumerc
3ª Brigata GdB Antoine Louis Decrest, Comte de Saint-Germain
3° regg. Corazzieri - 3 sq. 279 - Colonel Claude Antoine Preval
12° regg. Corazzieri - 3 sq. 232 Colonel Jacques Roland Belfort
Artiglieria: 4ª Compagnia del 2° regg. a cavallo – 3 pezzi e 92 uomini.
2ª Divisione Dragoni GdD Frédéric Henri Walther
1ª Brigata GdB Horace François Bastien Sebastiani de la Porta
3° regg. Dragoni 3 sq. 177 - Colonel Edme Nicolas Fiteau
6° rtegg. Dragoni 3 sq. 150 - Colonel Jacques Lebaron
2ª Brigata GdB Mansuy Dominique Roget, Baron de Bellonguet
10° regg. Dragoni 3 sq. 207 - Colonel Jacques Marie Cavaignac
11° regg. Dragoni 3 sq. 196 - Colonel Ferdinand Pierre Agathé Bourdon

3rd Brigade GdB André Joseph Boussart

13° regg. Dragoni 3 sq. 269 - Colonel Armand Louis Broc

22° regg. Dragoni 3 sq. 134 - Colonel Jean Auguste Carrié

Artiglieria: 2ª Compagnia del 2° regg. a cavallo - 3 pezzi (2 cannoni da 8 lib. + 1 obice da 6 pollici) e 84 uomini.

3ª Divisione Dragoni GdB Charles Joseph Boyé (per il GdD Beaumont, ammalato, Boyé al comando il 2 Dic.)

1ª Brigata GdB Charles Joseph Boyé

5° regg. Dragoni 3 sq. 234 - Colonel Jacques Nicolas Lacour

8° regg. Dragoni 3 sq 289 - Colonel Louis Beckler

12° regg. Dragoni 3 sq 297 - Colonel Joseph Pagès

2nd Brigade GdB Nicolas Joseph Scalfort

9° regg. Dragoni 3 sq. 291 - Colonel Pierre Honoré Anne Maupetit

16° regg. Dragoni 3 sq. 242 - Colonel François Marie Clément de la Ronciere

21° regg. Dragoni 3 sq. 285 - Colonel Jean Baptiste Charles Rene Joseph Mas de Polart

Artiglieria: 3ª Compagnia del 2° regg. a cavallo - 3 pezzi e 85 uomini.

Divisione di cavalleria leggera GdD François Etienne Kellermann (distaccata dal I Corpo)

1ª Brigata GdB Joseph Denis Picard

2° regg. Ussari 3 sq. 328 - Colonel Ignace Wilhelm Rith

5° regg. Ussari 3 sq. 342 - Colonel François Xavier Nicolas Schwartz

2ª Brigata GdB Frédéric Christophe Henri Pierre Claude Marisy

4° regg Ussari 3 sq. 280 - Colonel André Burthe

5° regg. Chasseurs à cheval 3 sq. 317 - Colonel Claude Louis Constant Esprit Juvenal Corbineau

Brigata di cavalleria leggera GdB Edouard Jean Baptiste Milhaud

16° regg. Chasseurs à cheval 3 sq. 205 - Colonel Antoine Jean Auguste Henri Durosnel

22° regg. Chasseurs à cheval 3 sq. 218 - Colonel Marie Victor Nicolas de Fay, Marquis de Latour-Maubourg

Brigata di cavalleria leggera GdB Anne François Charles Trelliard distaccata dal 5° Corpo

9° regg. Ussari 3 sq. 145 - Colonel Etienne Guyot

10° regg. Ussari 3 sq. 161 - Colonel Louis Chrétien Carrière Beaumont

1ª Division GdD Louis Marie Joseph Maximilien de Caffarelli du Falga (distaccata al III Corpo ex Lannes)

1ª Brigata GdB Joseph Laurent Demont

17° regg. di Linea 2 btg 1561 - Colonel Nicolas François Conroux

30° regg. di Linea 2 btg 1011 - Colonel François Valterre

2ª Brigata GdB Jean Louis Debilly

51° regg. di Linea 2 btg 1214 Colonel Joseph Alphonse Hyacinthe Alexandre Bonnet d'Honnières

61° regg. di Linea 2 btg 1175 - Colonel Jean Nicolas

3ª Brigata GdB Georges Henri Eppler

13° regg. leggero 2 btg 1240 - Colonel Pierre Castex

Artiglieria: 1ª Compagnia del 7° regg. a piedi - 6 pezzi (4 cannoni da 8 lib. + 2 obici da 6 pollici) 169 uomini.

▲ Truppe francesi si dispongono ad Austerlitz (reenactors in uniformi francesi). Courtesy by Keith Redfern

Rohlenka (odierna area di servizio)

Rappresenta la posizione iniziale francese sul fianco nord. Il maresciallo Lannes comanda l'ala francese a nord della strada per Brno; il maresciallo Murat comanda la cavalleria francese a sud della strada. Sarà affrontato dal FML e Duca, Johann Joseph zu Liechtenstein, proprietario di un castello nelle vicinanze, a Pozořice. La trattoria della "Rohlenka" sorgeva dove oggi c'è il ristorante area di servizio sull'autostrada. Una fossa comune datata 1805 fu scoperchiata durante i lavori per un ristorante McDonald (settembre 1995). Parecchie dozzine di scheletri testimoniavano che lì c'era stato un ospedale. Dalla Rohlenka si possono vedere le alture di Žuráň, Santon e Pratzen (Pratecký). Al primo piano c'è un plastico della battaglia inaugurato il 1 luglio 2002.

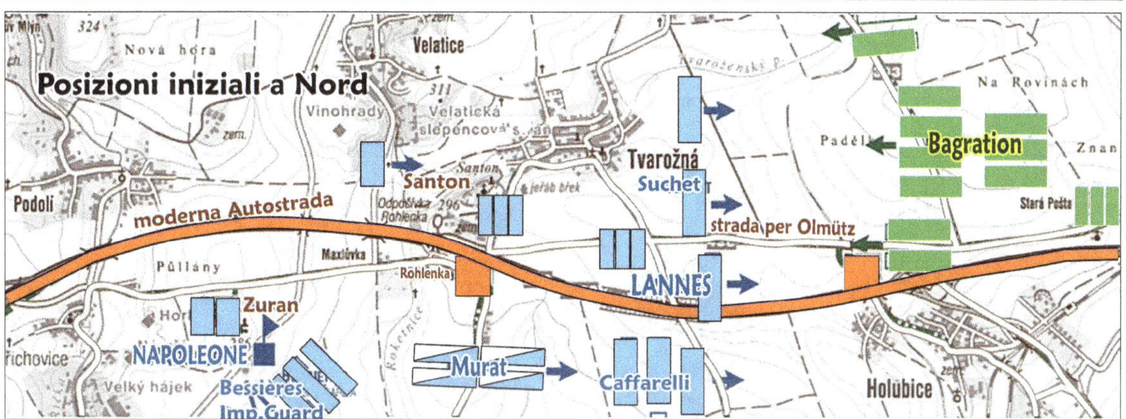

SCHIERAMENTI ALLEATI

– a NORD della strada per Olomouc – i Russi di Bagration.

Avanguardia (General Leutnant o GL) Piotr Ivanovich Bagration

Fianco Sinistro

- 6° regg. Eger (Jäger) 3 btg. 364 - Shef GM Karl Karlovich Ulanius - com Col. (pulkovnik o PK) Ivan Petrovich Belokopytov

- Ussari di Mariupol 10 sq. 1234 - Shef GM Piotr Kristianovich Count Witgenshtein o "Wittgenstein" – Com. PK Aleksei Andrejevich Laskin (Shef o Chef = proprietario del regg.; GM = generalmaior

- Cosacchi del Don Kiseljev 5 sq. 500

- Cosacchi del Don Malakhov 5 sq. 500

Fianco Destro

- 5° regg. Eger 2 btg 794 - Shef PK Fiodor Grigorjevich Gogel – com. Maior Fedor Ivanovich Pantenius (il III btg. era stato distaccato il 29 novembre all'avanguardia della I Colonna

- Ussari di Pavlograd 10 sq. 1409 - Shef GL Karl Fiodorovich Bour Sr. (restato in Russia perché malato - Sr. com. GM Yefim Ignatievich Chaplits – com. PK Simion Davidovich Panchulidzev

- Cosacchi del Don Khaznekov 5 sq. 500

- Cosacchi del Don Sisoiev 5 sq. 500 (forse erano con Kienmayer)

Brigata GM (Aiutante generale) Principe Piotr Piotrovich Dolgoruky

- 3° regg. Mosch. Staro Ingermanland 3 btg 2023 - Shef GM Grigorii Grigorievich Engelgardt-1 (Engelhardt) Com. ?

- Regg. Moschettieri di Pskov 3 btg 2050 - Shef Mikail Ilarionovich Golenishev-Kutuzov – com. GM Evgenii Ivanovich Markov-1

- Regg. Moschettieri Arkangelgorod 3 btg 1931 - Shef GM Nikolai Mikhailovich Kamensky-2 – com. PK Mikail Ivanovich Berlizeev

Artiglieria d'appoggio 18 pezzi

– a SUD della strada per Olomouc– gli Austriaci di Liechtenstein.

5a Colonna FML Prince Johann Liechtenstein

Divisione di cavalleria austriaca Tenente Feldmaresciallo (FML) principe Hohenlohe

1ª Brigata di cavalleria GM Caramelli

- 5° Reggimento Corazzieri di Nassau 6 sq. 300 - Oberst (Col.) Friedrich von Minutillo

- 7° Reggimento Corazzieri di Lorena (Lothringen) 6 sq 300 - Oberst Clemens Freiherr von Thunefeld

2ª Brigata di cavalleria Major General Weber

- 1° Reggimento Corazzieri Kaiser Franz 6 sq. - 425h - Oberst Wilhelm von Motzen

Artiglieria d'appoggio batteria a cavallo 8 pezzi 200 uomini – capitano Zocchi

Divisione di cavalleria russa GL Aleksei Aleksevich von Essen-2 (Hessen)

Brigade GM Vasily Fedorovich Shepelev (poi

- Corazzieri Leib-Kirasirskii E. E. Velichestva 5 sq. 761 - "Corazzieri della Zarina" Shef GM Dmitri Maksimovich Esipov-1 – com. PK Yakovlev Osipovich Conte Witi

- Regg. Dragoni di San Pietroburgo 2 sq. 200 (gli sq. IV e V erano distaccati alla II Colonna dal 2 dicembre) Shef GL Vasily Fiodorovich Shepelev – com. ?

- Regg. Ulani del Granduca Costantino 10 sq 1386 - Shef Granduca Konstantin Pavlovich Comandante la Colonna della Guardia – com. GM Egor Ianovich Baron Muller-Zakomelsky

- Cosacchi del Don Gordejev 5 sq. 500

- Cosacchi del Don Isaiev 4 sq. 500 – (1 sq. distaccato il 2 dicembre alla II Colonna)

Artiglieria d'appoggio: Batteria leggera con 11 pezzi (6 cannoni da 6 lib + 5 unicorni da 10 lib.) e 230 uomini - PK Gabriel Alexandrovich Ignatiev

Brigata GM (aiutante generale) Fiodor Piotrovich Uvarov

- Regg. Dragoni di Chernigov 5 sq 782 - Shef GL von Essen-I* (comandante la divisione) – com. PK Ivan Davidovich Panchulidzev-1

- Regg. Dragoni di Kharkov 5 sq 741 - Shef GM Vartolomei Kaetanovich Gizhitzkii – com. PK Minitzkii

- Regg. Ussari Elisavetgrad 10 sq 1356 - Shef GM Erofei Kus'mich baron von der Osten-Saken-3 – com. PK Grigori Ivanovich Lisanevich

- Cosacchi del Don Denisov 3 sq. 300

- Cosacchi del Don Melentjev 5 sq. 500 – (forse erano con Kienmayer)

Artiglieria d'appoggio: batteria leggera del 1° btg. a cavallo st Horse Artillery (12 pezzi 230 uomini) PK Aleksei Piotrovich Jermolov

Holubice (Holubitz). Si combatté violentemente tra Holubice e Kruh. Alle 8 di mattina 1000 cavalieri della colonna Bagration attaccarono la cavalleria leggera francese che tentava di sganciarsi. La prima fila di Ulani in carica fu falciata da una volée. Morirono più di 300 cavalli e gli altri inciampavano sopra i morti, facendo cadere i cavalieri. La cavalleria leggera francese si riordinò dietro il muro della fanteria e partì al contrattacco. L'attacco Russo divenne una ritirata. Molti cavalli al galoppo finirono per tamponarsi, in un rallentamento tra Kruh e Holubitz. La resistenza di Liechtenstein, con la cavalleria, consolidava la linea di Bagration stabilizzando la direttrice Holubitz-Kruh-Posoritz. L'attacco francese ripartì alle 11 comandato da Murat e Lannes, appoggiato dalla 1ª divisione di fanteria di Rivaud del 1° Corpo di Bernadotte. La pressione sul debole fianco sinistro di Bagration costrinse i Russi alla ritirata, che Bagration condusse a scaglioni sulla via imperiale verso Russínov. La ritirata era protetta da due batterie austriache del Maggiore Frierenberger, schierate su un'altura tra la Vecchia Posta (Stará Pošta) e Kovalovitz. Il maggiore riceverà la Croce di cavaliere di Maria Teresa per quell'azione e, dal 1995, un piccolo memoriale, che ricorda quel fatto si trova al lato della strada per Russínov, all'incrocio Kovalovitz-Veleschowitz.

Antico mulino (Stará Valcha). Parte dei reggimenti russi di Essen II e Uvarov, al comando del FML Liechtenstein, avanzarono da Krenovitz lungo il torrente Rakovec, verso Holubitz. Qui, a Stara Valcha (mulino), in mezzo alla mota, si collegarono alla Guardia russa, che scendeva da Austerlitz, via Krenovitz. Il comandante della Guardia, Granduca Constantin Pavlovich, schierò le truppe su due linee (fanteria davanti e cavalleria dietro). La linea russa riuscì a bloccare l'avanzata di Caffarelli da Holubitz.

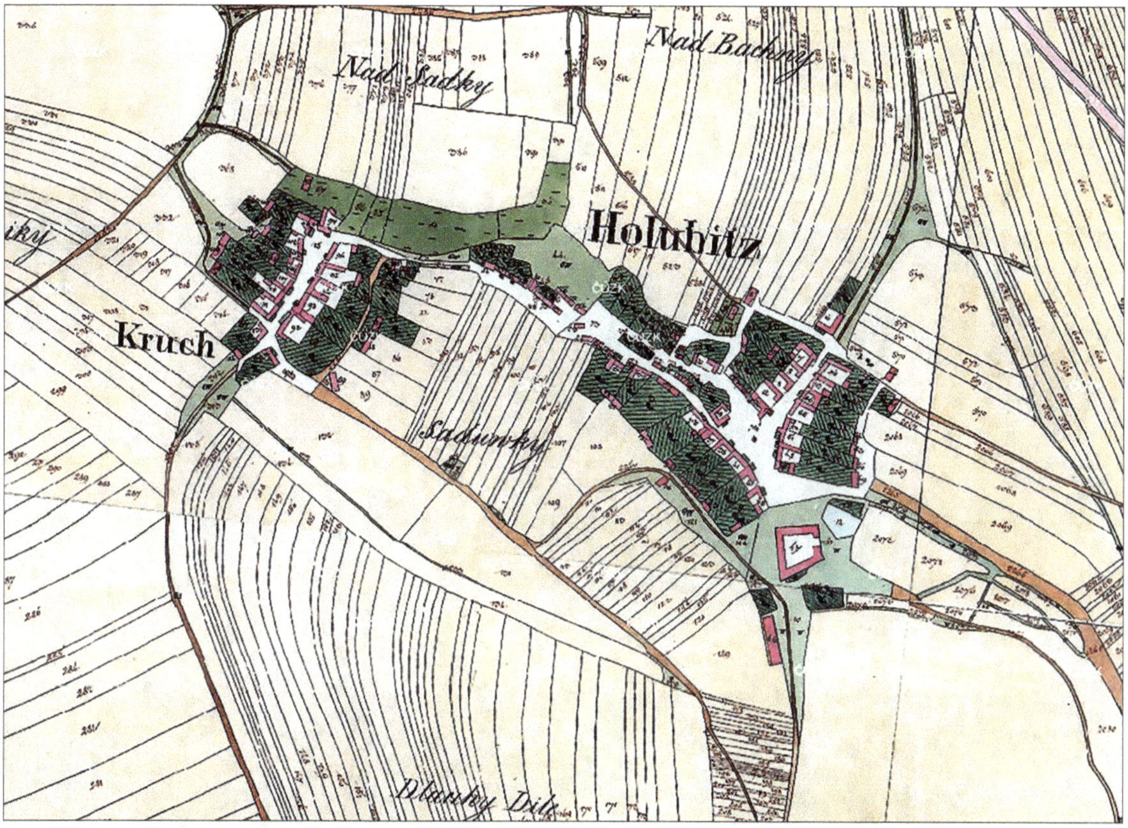

Stará Pošta (la vecchia Posta) Le città importanti erano un tempo collegate da vie postali su cui c'erano stazioni poste a un intervallo di due miglia viennesi, circa quindici chilometri. Grazie al cambio dei cavalli i corrieri potevano rispettare la velocità prescritta per il tragitto. Una delle stazioni di posta si trovava, dal 1785, sulla strada imperiale tra Brno e Olomouc non lontano da Pozořice e Kovalovice. La vecchia Posta di Posoritz si trova ancora a metà strada tra Brno e Vyškov ed è stata preservata. Gli HQ di ambo gli avversari, per alcuni e diversi periodi di tempo, furono in questo edificio. Nel novembre 28, Napoleone fu là con Berthier, Soult e Lannes (era l'HQ di Murat). I Russi che avanzavano da Olomouc, con Bagration, occuparono la Posta prima della battaglia. Liechtenstein, tra l'altro padrone della Posta in quanto padrone di Pozoritz, dopo la battaglia incontrava lì vicino l'inviato dell'imperatore d'Austria. Si accordarono per trattare una tregua presso il mulino del torrente bruciato (oggi Spálený mlýn). Dalla Vecchia Posta, poi, Napoleone si porterà al Palazzo di Austerlitz (il Castello di Slavkov) per firmare l'armistizio. Vicino alla Posta c'è il memoriale che ricorda la vicenda di Frierenberger raccontata sopra.

Pozořice (Posoritz) I francesi occuparono Posoritz, il paese di proprietà dei Liechtenstein, che là avevano un palazzo, una corte, distilleria, birreria e mercato, il 19 Novembre. Milhaud e 15 soldati pernottarono nella canonica della Cappella di S.Nicola. Dopo Milhaud ci dimorò l'Aiutante generale Fontaine e il suo Staff fino al 29 novembre del 1805. Dopo la battaglia il paese fu saccheggiato. Pare che una presunta fossa comune si trovi vicino alle vecchie fabbriche di mattoni e alle "Dvoje" (due linee).

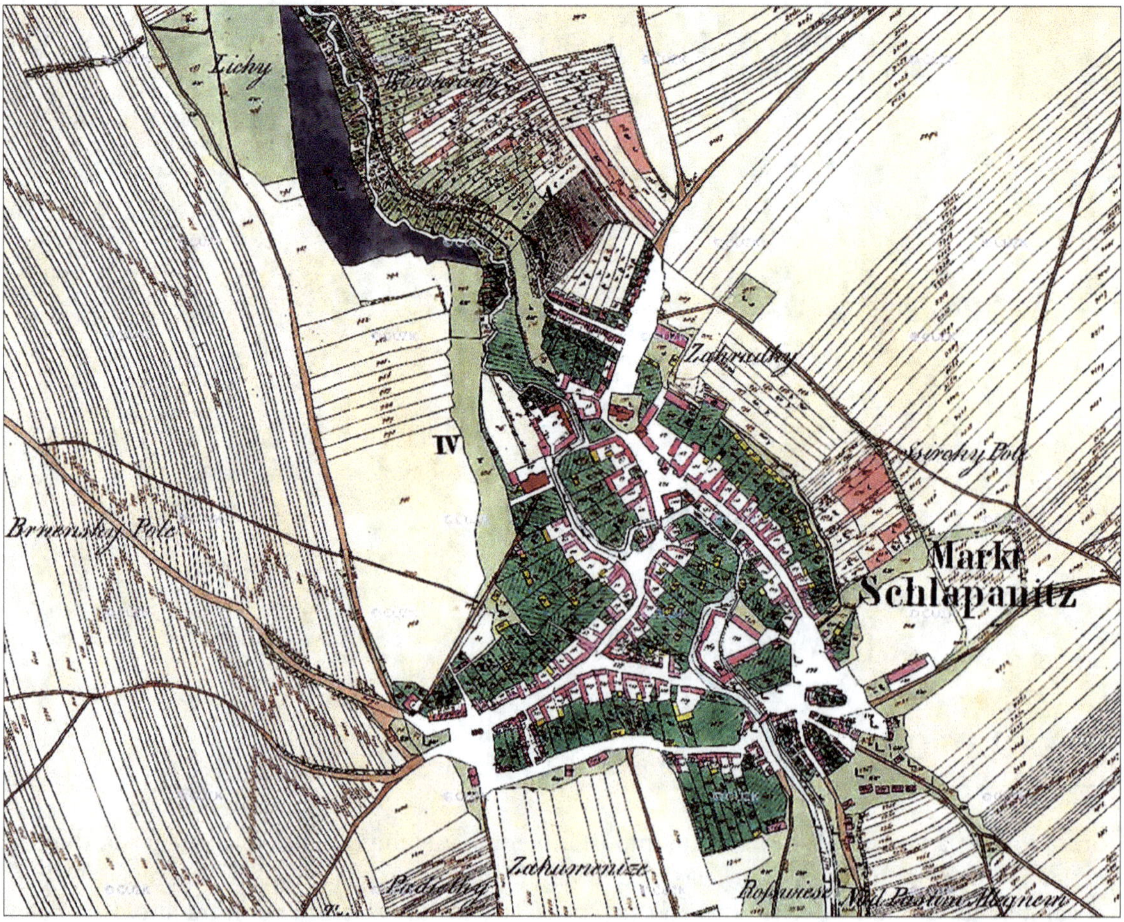

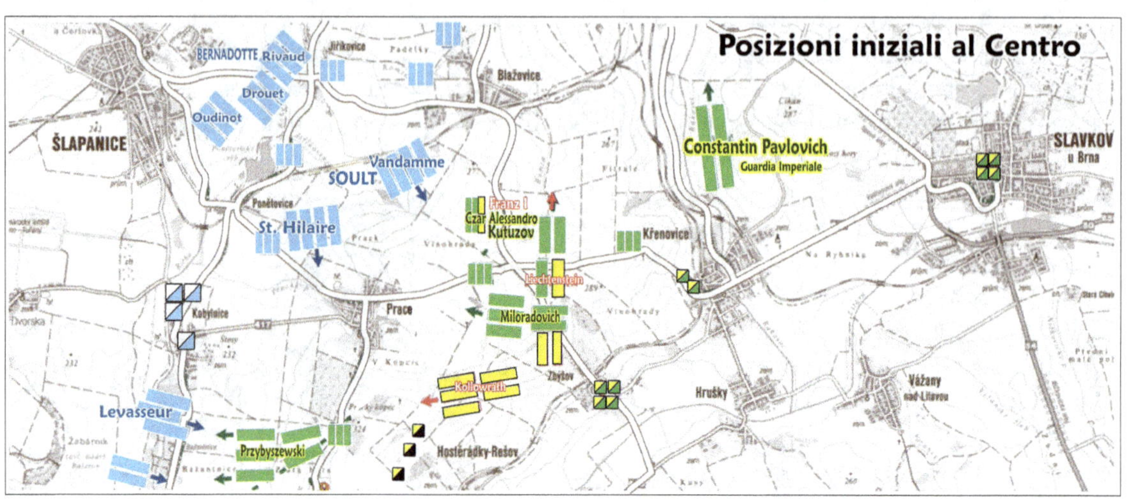

IL SETTORE CENTRALE

Il centro dell'armata francese fu schierato a valle della collina di Žuráň, a circa un chilometro dal villaggio di Schlapanitz. Davanti allo Zuran c'era Bessières con la Guardia.

Comandante in Capo l'Imperatore Napoleone I

Stato Maggiore : aiutanti di campo dell'Imperatore: GdD Junot e Savary – GdB Rapp, Bertrand, Gardanne, Lemarois, e Mouton – col. Lebrun, Caffarelli, Lauriston, Reille. **ufficiali d'ordinanza dell'Imperatore:** Castille, Eugéne de Montesquiou, Amédée de Turenne, Falkouwski, Deponthon, Scher, Bongard, Berthemy, Maulnois, Parrain

Capo di Stato maggiore d'armata: Maréchal Louis-Alexandre Berthier con i capitani Colbert, Girardin, Lejeune ed i tenenti Perigord e Lagrange. **Capo di Stato maggiore generale:** GdD Andreossy; **Maréchal des logis :** GdD Dumas ; **Comandante l'artiglieria :** GdD Songis; **Capo di Stato maggiore d'artiglieria:** GdB Pernetti; **Capo di Stato maggiore d'artiglieria aggiunto:** col. Senarmont; **Comandante del Genio:** GdD Marescot; **Capo di Stato maggiore del Genio:** Magg. Ducoudsary: **Direttore del telegrafo:** Chappe; **Capo Panificazione:** Le Payen ; **Capo Chirurgo:** Poussielgue; **Gran Maresciallo di Palazzo:** GdD Duroc; **Gran Scudiero:** GdD Caulaincourt; **Amministratore militare:** Pierre A. Daru.

Gran Parco d'Artiglieria d'Armata (230 uomini) una batteria a piedi (6 pezzi con cannoni austriaci da 3 lib. e un numero non noto di obici); due batterie a piedi (6 pezzi con cannoni da 12 lib. e un numero non noto di obici) tutto gestito dal 7° regg. d'artiglieria.

Guardia imperiale dell'Imperatore Napoleone I Maréchal Jean Baptiste Bessières

1ª Brigata GdB Pierre Auguste Hulin (in effetti Hulin era assente perché comandava a Vienna)

Grenadiers à Pied 2 btg. 1519 - Colonel-Major Jean Marie Pierre François Lepaige Dorsenne

2ª Brigata GdB Jerome Soulès

Chasseurs à Pied 2 btg - 1613 - Major Jean Louis Gros

3ª Brigata GdB Teodoro Lechi Guardia Italiana

Grenadiers à Pied 1 btg. e Chasseurs à Pied in tutto 753 uomini.

Cavalleria della Guardia Imperiale francese o Gendarmerie d'Elite distaccata a Brno

1ª Brigata GdB Michel Ordener

Grenadiers à Cheval 4 sq. – 706 - Colonel-Major Louis Lepic

2ª Brigata Colonel-en-Second François Louis de Morland

Chasseurs à Cheval 4 sq, 375 - Colonel-en-Second Nicolas Dahlmann

Mamelucchi mezzo sq. – 48 - Chef d'Escadron Antoine Charles Bernard Delaitre

Artiglieria della Guardia (col. Couin) (540 u.) : 1ª Comp. a cavallo 8 pezzi (4 cannoni da 8 lib. – 2 canoni da 4 lib. – 2 obici da 6 pollici) – 2ª Comp. a cavallo 8 pezzi (4 cannoni da 8 lib. – 2 canoni da 4 lib. – 2 obici da 6 pollici) –Artiglieria a cavallo della Guardia Reale italiana 8 pezzi (4 cannoni da 8 lib. – 2 canoni da 4 lib. – 2 obici da 6 pollici)

Fanteria da marina o Bataillon de Marins 1btg. 120 – Com. François-Henri-Eugene Daugier.

▶ Osteria della Pindulka

La collina dello Žuráň (si pronuncia Jourànii e non Zurlan) Sull'altura di Žuráň Napoleone collocò il suo quartier generale e da lì diresse le operazioni. Attualmente vi è collocato un basamento di marmo con sopra un pannello in bronzo, che illustra gli schieramenti degli eserciti. Il fazzoletto di terra dello Žuráň, su cui sorge il basamento con la mappa della battaglia è, in base ad un accordo internazionale, area extraterritoriale francese. La significativa collina è parte del villaggio di Podolí (allora Kritschen), circa 1 km a nord di Šlapanice, e forse era una collinetta artificiale, con tombe risalenti al periodo delle migrazioni dei popoli del V-VI secolo. Da qui, si apre un panorama sulla parte predominante del campo di battaglia di Austerlitz. Da Šlapanice allo Žurán l'accesso più facile è una comoda passeggiata di circa 25 minuti.

È anche notevole come importante sito archeologico. Probabilmente le prime scoperte archeologiche sullo Žuráň risalgono al 1850. Sulla grande superficie superiore dello sperone della collina, fu scoperto un edificio notevole in pietra, o, meglio, con un muro perimetrale di pietre posate a secco, dal diametro di circa 80 metri. Pare che l'edificio fosse anche più grande dato che, per secoli, servì gli abitanti delle comunità circostanti, come una riserva di pietra da costruzione. È una necropoli circolare nella qualo furono trovate tombe di diversi periodi storici, tutte saccheggiate prima del 1800.

Particolari del percorso

1--- l'Imperatore Napoleone e il suo Staff cenarono alla **Pindulka**, un'osteria lì vicino, la notte prima della battaglia. Ordinò il suo pasto preferito - patate alla cipolla. Il nome della locanda derivava dal nome dell'ex proprietario, il borghese di Brno Matěj Pindula. L'edificio è oggi utilizzato dall'Amministrazione della gestione delle strade della Moravia meridionale e non è quindi aperto al pubblico. Poche notti prima della battaglia, Napoleone aveva dormito in un luogo vicino, la locanda **Kandia** vicino alla vecchia strada per Olomouc. Voleva conoscere il terreno che avrebbe scelto per il futuro campo di battaglia.

2--- Più tardi, Napoleone si riposò per un breve periodo, in una baracca di fortuna, non lontano da una cava. Durante la notte, ricevette il messaggio riguardante i piani strategici degli eserciti alleati, per l'imminente battaglia. Intendevano aggirare l'esercito francese da sud, tagliare la via di fuga su Vienna, da dove si aspettava arrivassero rinforzi, e respingerlo verso le Alpi boememorave.

3--- Il blocco-perno della manovra, a nord, doveva essere fatto dalla colonna di Bagration, ma Napoleone rispose con un'audace contromossa in direzione delle colline Pratecký (Pratzen). La manovra, poi soprannominata "**Balzo del leone**", doveva essere preceduta dall'adunanza di un forte gruppo da battaglia, nella valletta del torrente Rokytnice, tra lo Žuráň e le colline Pratecký, prima dell'alba.

4--- Poco prima delle 8 del mattino, (lunedì 2 dicembre), dicono con il sole già alto all'orizzonte delle alture del Pratzen, dopo un rapido consulto sullo Žuráň, Napoleone ordinava a Soult, di lanciare l'attacco decisivo.

5--- l'attacco partì in direzione dei Vecchi Vigneti (**Staré Vinohrady**) e delle alture Pratecký o del Pratzen.

A Schlapanitz era schierata la

1ª Divisione Élite (Granatieri) GdD Nicolas Charles Oudinot

GdD Géraud Christophe Michel Duroc – distaccato dal 5° Corpo condivideva il comando.

1ª Brigata GdB Claude Joseph de Laplanche-Morthières

1° regg. d'élite - 2 btg- 762 – compagnie dal 13° e dal 58° di Linea - Colonel Jacques Froment

2° regg. d'élite - 2 btg - 1025- compagnie dal 9° e dal 81° di Linea - Major Michel Sylvestre Brayer

2ª Brigata GdB Pierre Louis Dupas

3° regg. d'élite 2 btg – 941- compagnie dal 2° e dal 3° leggero - Colonel Jean Adam Schramm
4° regg. d'élite 2 btg - 857- compagnie dal 28° e dal 31° leggero - Major Marc Cabannes de Puymisson

3ª Brigata GdB François Amable Ruffin

5° regg. d'élite 2 btg - 1070 - compagnie dal 12° e dal 15° leggero - Colonel Jean Charles Desailly
Artiglieria (339 u.) – 1ª Comp. del 1° regg. a piedi 6 pezzi (4 cannoni da 8 lib. + 2 cannoni da 4 lib.) – 4ª Comp. del 5° regg. a cavallo 2 pezzi (2 cannoni da 8 lib).

Šlapanice (Lapanz/Schlapanitz) nel 1805 aveva 900 abitanti e faceva pane e latte per la città di Brno. Marciando da Vienna verso Olomouc, il FM russo Kutuzov aveva fatto tappa là, con la sua Stavka, la sera del 17 Novembre. Il FML austriaco Liechtenstein dimorò, invece, in parrocchia, il 19 novembrea con le truppe accampate nei prati. I francesi la occuparono il 20 novembre. Soult, alloggiò nell'edificio dell'attuale museo, comandando l'avanguardia. Nansouty, che comandava la cavalleria della colonna Murat e tutta la Riserva (i Granatieri di Oudinot con 40 cannoni) erano a nord ovest di Šlapanice. Dopo la battaglia, nella Chiesa furono ammassati 400 prigio-nieri russi. Centinaia di feriti furono curati in un ospedale da campo, da una squadra chirurgica dislocata al palazzo Blümegen. Il GdB Thiébault e Valhubert, che poi morrà a Brno, furono curati prima qui. Il paese e le contrade vicine ebbero ingenti dan-ni. Sulla facciata di una casa, al n. 6 di via Jiříkovská, c'è una colonna con la croce alla memoria e al cimitero c'è una stele che ricorda i caduti di Šlapanice del 1805.

IV Corpo Maréchal Nicolas Jean-de-Dieu Soult

Riserva d'artiglieria: distaccamenti della compagnie 17ª e 18ª del 5° regg. a piedi (6 cannoni da 12 libbre)

1ª Divisione GdD Louis Vincent Joseph Saint-Hilaire

1ª Brigata GdB Charles Antoine Louis Alexis Morand

10° regg. leggero 2 btg 1488 – Col. Pierre Charles Pouzet

2ª Brigata GdB Paul Charles François Adrien Henri Dieudonné, Baron Thiébault

14° regg. di Linea 2 btg 2051 – Col. Jacques François Marc Mazas

36° regg. di Linea 2 btg 1592 Col. Antoine Charles Houdard de Lamotte

3ª Brigata GdB Louis Prix Varé

43° regg. di Linea 2 btg 1593 Col. Guillaume Raymond Amant Viviès

55° regg. di Linea 2 btg 1614 Col. François Roch Ledru des Essarts

Artiglieria (120 u.) 12ª comp. e distaccamento della 16ª comp. del 5° regg. a piedi - 8 pezzi (2 cannoni da 8 lib. + 2 cannoni da 4 lib. + 2 obici da 6 pollici) (2 cannoni da 8 lib.) - 230 u. incluso il treno.

2ª Divisione GdD Dominique Joseph René Vandamme

1ª Brigata GdB Joseph François Ignace Maximilien Schiner

24° regg. leggero 2 btg 1310 – Col. Bernard Pourailly

2ª Brigata GdB Claude François Ferey

46° regg. di Linea 2 btg 1559 – Col. Guillaume Latrille de Lorencez

57° regg. di Linea 2 btg 1771 – Col. Jean Pierre Antoine Rey

3rd Brigade GdB Jacques Lazare de Savetier de Candras

4° regg. di Linea 2 btg 1822 – Magg. Auguste Julien Bigarré

28° regg. di Linea 2 btg 1636 – Col. Jean Georges Edighoffen

Artiglieria: (117 u.) 13ª comp. del 5° regg. a piedi – 6 pezzi (2 cann. da 8 lib.+ 2 cann. da 4 lib.+ 2 obici da 6 pollici) – distaccamento della 16ª comp. del 5° regg. a piedi (2 cann. da 8 libbre)

I Corpo Maréchal Jean Baptiste Jules Bernadotte

1ª Divisione GdD Olivier Macoux Rivaud de la Raffinière

1ª Brigata GdB Charles Dumoulin

8° regg. di Linea 3 btg 1858 – Col. Jean François Etienne Autie

45° regg. di Linea 3 btg 1603 – Col. Jean Leonard Barrie.

2ª Brigata GdB Michel Marie Pacthod

54° regg. di Linea 3 btg 1614 – Col. Armand Philippon

Artiglieria: (191 u.) 1ª comp. dell'8° a piedi 6 pezzi (4 cann. da 3 libbre e un obice da 5 pollici e 1/3) – 2ª comp. del 3° regg. a cavallo 6 pezzi (4 cann. da 3 libbre e un obice da 5 pollici e 1/3)

2ª Divisione GdD Jean Baptiste Drouet (conte d'Erlon dal 1806)

1ª Brigata GdB François Jean Werle

27° regg. leggero 3 btg 2069 – Col. Jean Baptiste Charnotet

2ª Brigata GdB Bernard Georges François Frère

94° regg. di Linea 3 btg 1814 – Col. Jean Nicolas Razout

95° regg. di Linea 3 btg 1903 – Col. Marc Nicolas Louis Pechaux

Artiglieria (229 u.) : 2ª comp. dell'8° regg. a piedi 6 pezzi (5 cann. da 3 libbre e un obice da 5 pollici e 1/3) – 3ª comp. del 3° regg. a cavallo 6 pezzi (4 cann. da 3 libbre e un obice da 5 pollici e 1/3).

Blažovice – Jiříkovice (Blazowitz – Girzikowitz)

Jiříkovice (**Girzikowitz**) nel 1805 aveva tre padroni; i conti Braid della Corte Inferiore di Šlapanice, la tenuta falconiera Dietriechstein, e il Convento si Sant'Anna di Brno. Jiříkovice si trova a sud-est di Žuráň, limitato a nord dalla strada di Olomouc. La

La leggenda dice che il fondatore fu un certo Jiří (George) che diede il nome al villaggio. Dicono che a Girzikowitz, dove era schierato il corpo di Soult, la vigilia della battaglia, Napoleone avesse ispezionato la posizione delle sue unità. Improvvisamente, inciampò nel buio, forse lui in un ceppo o in un soldato addormentato. Il soldato accese un ciuffo di paglia per illuminare la strada all'imperatore. Ben presto altri si aggiunsero, gridando "Vive l'Empreur!", sollevando paglia infuocata con le loro armi. La singolarità di questo momento fu indescrivibile. Ma la paglia bruciava rapidamente e il fuoco chiedeva altro alimento. Si cominciarono ad usare le stoppie dei tetti delle case e dei granai di Jiříkovice. Inoltre, dato che i soldati, accampati nei dintorni del villaggio, avevano già usato tutto ciò che potevano bruciare, per riscaldarsi, finestre delle case e alberi tagliati caddero vittime degli incendi. L'evento passò alla storia come i "**Fuochi di Jiříkovice**".

Là c'era un ospedale da campo francese in una fattoria presso la tenuta. Sono stati tramandati alcuni taccuini di un ufficiale sanitario francese (10 dicembre) che annotarono la sepoltura tra gli altri del colonnello Lacon, maggiore Kuna e del capitano Heudelin del 16° Dragoni. L'ospedale ricoverò più di 8 ufficiali e di 62 soldati di ambedue gli eserciti. La fossa comune si trova all'incrocio della strada per Tvarožná, dove c'è anche un memoriale eretto nel 2000.

A sud dei due paesi, di Blasowitz e Girzikowitz, si concentrarono le fanterie di Saint Hilaire e Vandamme, al comando di Soult e Bernadotte, la notte prima della battaglia. Le truppe, celate da una fitta nebbia, iniziarono la salita alle alture del Pratzen verso i Vecchi Vigneti (Staré Vinohrady), verso le 8:30. Attraversarono il villaggio di Prace (Pratzen) quasi raso al suolo dalle cannonate (centinaia di soldati vi persero la vita). Dopo uno scontro di 4 ore Napoleone prese la decisione di tagliare in due il dispositivo nemico. Narrano che il torrente Romza, tra Blažovice e Jiříkovice, fosse rosso di sangue.

IL CENTRO DELLA COALIZIONE

Aveva necessariamente un carattere difensivo, visto che il piano di attacco esigeva una conversione verso sud.

IV Colonna Miloradovich e Kollowrath

Avanguardia GM Wodniansky

- 1° Regg. Dragoni austriaco Arciduca (Erzherzog) Johann 2 sq. 125 - Oberst Ludwig Ritter von Hentzy

- Regg. Moschettieri russo di Novgorod 2 btg, 825 (II-III btg) com. PPK Fiodor Fiodorovich Monakhtin

- Regg. Moschettieri di Apsheron 1° btg, 402 - capitano Morozov

- Compagnia Pionieri austriaca Dreier, 160

Divisione russa GL Mikail Andrejevich Miloradovich

Miloradovich era stato promosso General Leutnant (tenente generale l'8 novembre 1805)

Brigata GM Serghjei Yakovich Repninsky

- Regg. Moschettieri di Novgorod 1° btg. 412 - Shef GM Sergei Yakovlevich Repninsky, il comandante della brigata, com. tenente colonnello (o PPK) Fiodor Fiodorovich Monakhtin, erano l'avanguardia della IV Colonna

- Regg. Moschettieri di Apsheron 2 btg 805 (II e III) - Shef GM Mikail Andrejevich Miloradovich * comandante della divisione – com. PPK Aleksei Vasilievich principe Sibirsky-1

Brigata GM Grigorii Maksimovich Berg

- Regg. Granatieri Piccola Russia (Malorossiisky) 3 btg 1446 - Shef "ad honorem" Karl ludwig Friedrich von

Baden – com. GM Grigorii Maksimovich Berg, comandante della brigata

- Regg. Moschettieri di Smolensk 3 btg 1398 - Shef GM Piotr Mikailovich Koliubakin – com. PK Leontii Kristoforovich barone von der Osten Sacken.

Artiglieria aveva 24 cannoni "da battaglione" (pezzi da 3 e 6 libbre o Unicorni da 10 lib.) e la batteria da posizione del 3° regg. con 12 pezzi (250 u.) - PK Dmitri Ivanovich Kudriatsev.

Divisione austriaca Feldzeugmeister (FZM) Johann Karl conte Kollowrath-Krakowsky

Brigata Oberst (colonnello) Ferdinand barone (Freiherr) von Sterndahl (brigadiere provvisorio)

- Regg. di Linea IR 23 di Salisburgo 6 btg – 2800 – parte della brigata di Marcia Rottermund – col. Ferdinand von Sterndahl

Brigata di Marcia GM conte Rottermund

- Un btg, del regg. di Linea IR 20 Kaunitz 300 (VI btg. di marcia) – Magg. von Breslern

- Un btg. del regg. di Linea IR 24 Auersperg 600 (VI btg. di marcia) - Oberstleutnant Bach von Ulm

- Un btg. del regg. di Linea IR 1 Kaiser Franz, 700 (VI btg. parte della brigata di Marcia Jurczik) – com. ?

- Un btg. del regg. di Linea IR 9 Czartoryski, 600 (II btg. parte della brigata di marcia Jurczik) - Hauptmann Graf Orlandini (era la guarnigione di Ofen – odierna Budapest)

Brigata di Marcia GM von Jurczik

- Un btg. del regg. di Linea IR 55 Reuss-Greitz, 300 (VI btg.) Oberstleutnant Scovaud

- Un btg. del regg. di Linea IR 38 Württemberg, 500 (III btg) Magg. Lornpret

- Un btg. del regg. di Linea IR 58 Beaulieu, 500 (III btg), com. ??

- Un btg. del regg. di Linea IR 49 Kerpen, 312 (VI btg.) Magg. Mahler

- Un btg. del regg. di Linea IR 29 Lindenau, 400 (VI btg.) com. ??

Artiglieria d'appoggio 8 pezzi da posizione - 200 u. e 28 cannoni da battaglione.

Distaccamento di cavalleria Oberstleutnant Rakovsky proveniente dall'avanguardia di Kienmayer con 2 squadroni del 4° regg. Ussari Hessen-Homburg ed uno squadrone Grenzer dell'11° regg. Ussari Székler.

Staré Vinohrady (Vecchio Vigneto) (tra Blažovice e Zbýšov). Una collina (alta 296 metri) che fu al centro della battaglia. Era il Quartier Generale di Kutuzov. Dalle 8 del mattino del 2 dicembre 1805, là, gli Imperatori Franz I e lo Zar, Alessandro, seguiranno i movimenti dei francesi, osservando la discesa delle proprie truppe verso Sokolnitz, come da piano del generale Franz von Weyrother. Sulla collina rimangono solo le divisioni del generale Miloradovich e di Kollowrat a reggere l'urto dell'assalto di Soult e Bernadotte. Nella battaglia di 4 ore interverrà anche la Guardia russa, al comando del fratello dello Zar, Constantin Pavlovich. Prima delle ore 12 i francesi saranno in superiorità, costringendo lo Zar a lasciare il campo di battaglia. Napoleone scese dallo Žuráň e oltrepassò i Vecchi Vigneti (Staré vinohrady) per salire le colline del Pratzen, fino alla cappella di St. Anton, sopra Újezd, da dove osserverà la ritirata degli Alleati, attraverso gli stagni di Satschan e Menin, battuti dalle artiglierie francesi.

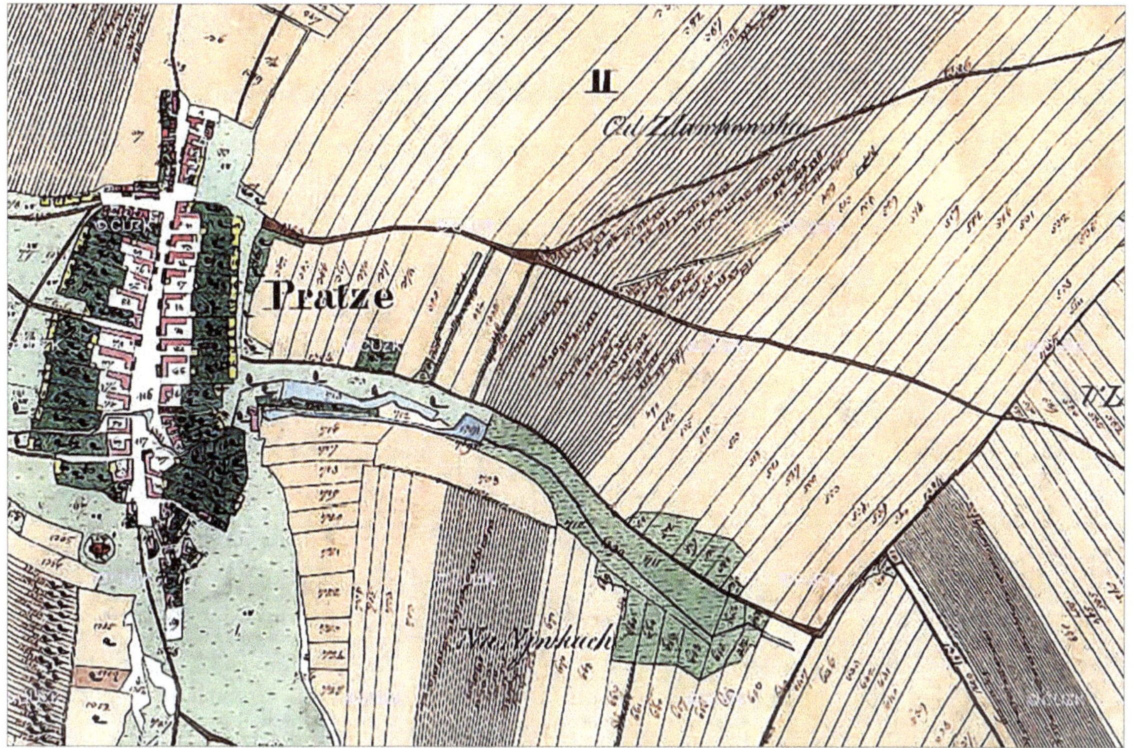

Nota sulla fanteria austriaca: la vecchia organizzazione del 1802, con la riforma Mack, prevedeva organici diversi in caso di guerra. In luglio 1805, ad esempio il 9° reggimento Czartoryski aveva cambiato formazione, partendo dal consueto organico di 20 Compagnie (3 battaglioni di 6 compagnie e una divisione, ovvero due compagnie, di Granatieri) si arrivà a 5 agili battaglioni di 4 Compagnie, 1 battaglione Granatieri e 4 battaglioni di fucilieri. Il deposito delle reclute formava il VI battaglione (a volte detto di Marcia perché in pratica era avviato al fronte per fornire rimpiazzi ai battaglioni regolari. In primis si decise che, oltre alle originali compagnie granatieri, fosse segnalata dal comando le divisioni fucilieri migliori, una delle quali sarebbe stata schierata nel mezzo, tra le 2 effettive compagnie Granatieri, con, in dotazione, non il copricapo da Granatiere, ma il normale elmetto. Furono rinominati come "Jung Grenadiere". Naturalmente questa riorganizzazione rese obsolete le vecchie denominazioni dei battaglioni in Leib-, Obrist- ed Obristlieutenants-Bataillon, così come l'analoga denominazione delle compagnie di Stato maggiore (Stabs-Compagnien) con il nome del Proprietario (Inhaber); i battaglioni fucilieri presero i numeri 1., 2., 3. e 4.; Divisioni e Compagnie continuarono a portre il nome del comandante. Furono creati anche gli Aiutanti di battaglione (Bataillons-Adjutanten). Si eliminarono le pomate e le polveri per i capelli dei soldati, ordinando che le chiome non superassero la lunghezza di mezza Zoll (1 cm e mezzo).

Alto Comando della Coalizione Gen. di Fanteria Mikail Ilarionovich Kutuzov

Zar Alessandro I e l'imperatore del SRI – Franz I

Lo Zar era il comandante di capo di fatto, mentre Kutuzov era il comandante formale.

Al seguito dell'imperatore di Russia : il **Generale Quartiermastro** Sukhtelen; **l'Ispettore generale dell'artiglieria** conte GL Araktchejev, **Aiutanti di campo**: il GL principe Dolgoruki (che il giorno della battaglia comanda la fanteria di Bagration), il GM conte Liven, il GM principe Gagarin, il GM principe Volkonski, il GM barone Wintzingerode; il GM Intzov, generale di Giornata.

Al seguito di S.M. imperiale Franz I: il FML principe Schwarzenberg, il FML Lambert, aide de camp dell'imperatore

1° regg. Corazzieri austriaco Kaiser Franz (2 sq. - 141) addetto alla difesa dello Stato maggiore

Il comandante dell'armata austriaca principe Johann Liechtenstein.

Il Capo di Stato Maggiore russo maggiore Gerhard, Franz von Weyrother CdSM austriaco, coadiuvato dal GM Bubna.

Guardia Imperiale russa Granduca Constantin

1ª Colonna della Guardia Granduca Constantin

Granatieri Preobrazhenski 2 btg (I e III) 1491 Shef Emperor Aleksandr I – com. GL Piotr Aleksandrovich conte Tolstoi – com. in campo PK Mikail Timofejovich Kozlovsky

Granatieri Semenovski 2 btg (I e III) 1487 - Shef Emperor Aleksandr I – com. GM Leontii Ivanovich Depreradovich-I

Granatieri Izmailovski 2 btg (I e III) 1461 Shef Granduca Nikolai Pavlovich – com. GL Piotr Fiodorovich Maliutin – com. in campo PK Matvjei Evgrafovich Khrapovitski.

Jäger della Guardia (Leib-Gvard Eger)1 btg 483 - Shef GL Piotr Ivanovich Bagration – com. PK Emmanuel Frantsevich Sen Pri (Saint-Prix)

Corazzieri della Guardia (Leib-Gvard) 5 sq. 784 - Shef Granduca Constantin Pavlovich – com. GM Ivan Fiodorovich Yankovich

Ussari della Guardia (Leib-Gvard Gusaren) 5 sq 690, Shef Gen. Cav.Granduca Liudvig Viurtembergsky (Württemberg)- com. GL Andrei Simionovich Kologrivov

Battaglione di artiglieria della Guardia (Leib-Gvard) GM Ivan Fiodorovich Kaspersky – Compagnia di artiglieria a cavallo della Guardia 10 pezzi, PK Vassili Grigorjevich Kostenetski – Compagnia da posizione del Btg. artiglieria della Guardia 12 pezzi PK Fiodor Fiodorovich Rall; Compagnia leggera d'artiglieria della Guardia 10 pezzi capitano Aleksandr Kristoforovich Eiler (148 u.) con 4 cannoni da battaglione per il Preobrazhenski; Compagnia leggera d'artiglieria della Guardia 10 pezzi PK Fiodor Ivanovich Resleyna (148 u) 8 cannoni da battaglione per i reggimenti Sernenovski e Isrnailovski. Otto cannoni di due compagnie leggeri non erano assegnati e formavano una batteria combinata (non furono usati come cannoni da battaglione).

2ª Colonna della Guardia GL Piotr Fiodorovich Maliutin

Leib Gvard Granatieri 3 btg, 2134 - Shef Imp. Aleksandr I – com. GL Vassili Mikailovich Lobanov

Corazzieri della Guardia a Cavallo 5 sq. - 766 - Shef GAd Fiodor Petrovich Uvarov, comandante di brigata nella V colonna – com. GM Nikolai Ivanovich Depreradovich-2

Leib-Gvard Cosacchi 2 sq. 295, com. PK Piotr Abramovich Chernozubov-5

Artiglieria d'appoggio compagnia di posizione del 4° regg. d'artiglieria 6 pezzi 121 u.; PK Aleksei Mertens

Compagnia leggera del btg. di Milizia Imperiale: 6 pezzi (121 u.) Probabilmente erano cannoni da battaglione per i Granatieri della Leib-Gvard.

In generale i cannoni da battaglione erano da 6 libbre + Unicorni da 10 libbre.

L'artiglieria della Guardia a cavallo (compagnia leggera) aveva 5 cannoni da 6 lib. + 5 Unicorni da 10 libbre.

L'artiglieria pesante della Guardia a piedi aveva 4 cannoni medi da 12 libbre + 2 cannoni da 12 libbre leggeri + 4 unicorni da 8 libbre.

Krenovice (Krenowitz): è il villaggio dove ripiegarono i due Imperatori, dopo aver abbandonato il Pratzen. È noto solamente perché, in quel posto, nella tenuta di Spáčil, Weyrother stese il suo celebre piano la notte prima della battaglia. Secondo lo scritto, gli alleati dovevano scendere contro la destra francese aggirarla e colpire sul fianco in direzione nord, a Slatina. Attorno a Krenovice sulla collina Zlata Hora c'era una delle maggiori fosse comuni della battaglia. Nel 2005 è stato costruito un monumento in onore di Kutuzov, con la sua statua sulla piazza di Křenovice. Inoltre, una targa commemorativa, che ricorda il *briefing* alleato, si trova nella vecchia fattoria Spáčil. A Krenovice trovate poi la chiesa di San Lorenzo, dove furono radunati i prigionieri russi dopo la battaglia. Nella piazza del paese, vicino alla pasticceria e la locanda, si nota anche un curioso parapetto, vicino alla strada, il cui motivo è formato da personaggi napoleonici.

All'incrocio delle strade da Prace a Křenovice e da Blažovice a Zbýšov c'è una gobba. Nel novero del paesaggio moderatamente ondulato, tipico della Moravia meridionale, questo luogo rappresenta un luogo ideale per le foto. Poco più a sud si trova il monumento dei tre imperatori..

Zbýšov (Sbischow): la colonna Langeron passò in Zbýšov alla vigilia della battaglia, per schierarsi sul Pratzen. La cavalleria di Liechtenstein si accampò più a nord, in direzione di Křenovice. Tra le 11 e le 12 del 2 dicembre 1805, i battaglioni russi e austriaci si ritirarono, sotto la protezione della cavalleria di Liechtenstein e dell'artiglieria di Zocchi, attraverso Zbýšov, Šaratice e Křenovice fino a Slavkov. Ci sono due memoriali della battaglia qui: la cappella di Nostra Signore del Dolore nella piazza del villaggio ha alcune palle di cannone nel muro. A nord est del villaggio c'è una croce costruita su una fossa comune. Le ossa furono traslate a Krchůvek vicino a Křenovice e la stessa croce, oggi, non si trova più nell'originale posizione.

Di fronte a Napoleone, sulla collina in prossimità del villaggio di Pratzen, c'era il centro dello schieramento austro-russo, con il quartier generale del generale Kutuzov, l'Imperatore austriaco Francesco I e lo Zar Alessandro I. Sulla collina di Pratzen, oggi, sorge il grande monumento alla Pace (Mohyla míru) e un interessante museo della battaglia.

▲ Il Monumento alla Pace sul Pratzen

Mohyla míru (Monumento alla Pace - Pratzen): vi si accede tramite una strada piena di tornanti ed è un punto panoramico per il lato sud della battaglia. Napoleone ed il suo Staff si fermarono in quella posizione, vicino alla cappella di Sant'Antonio di Újezd (Augezd), circa alle 14 del 2 dicembre. Osservarono la fine della battaglia e la ritirata alleata, tormentata dalle cannonate francesi, sulle sponde degli stagni Satschan e Mönitz. Cessato il fuoco scesero a valle. Il monumento si trova sul colle del Pratzen (Pratecký, 324 m) il punto più elevato della battaglia. Nel 1805, era disboscato e dominava tutto il teatro della battaglia. Qui stavano i due Imperatori, all'inizio delle ostilità, con il territorio presidiato dalla colonna Kamenski e dalla divisione Kollowrath. Sarà occupato dai francesi di Saint-Hilaire, Thiebault, Varé e Levasseur alle 11 di mattina. Il generale austriaco Jurčik tentò una difesa ad oltranza, ma il comandante austriaco fu ferito e morrà dopo la battaglia. Questo "Tumulo della Pace" fu fatto in style Art Nouveau su iniziativa di un prete cattolico, Padre Alois Slovák, che insistette per formare un comitato. Fu disegnato da un architetto praghese, Fantain nel 1911. Più tardi divenne anche il museo della battaglia.

Il Distaccamento francese di Kobelnitz, che apparteneva alla 3 divisione di Legrand, difendeva la parte settentrionale del settore sud, quello degli stagni gelati. Fu attaccato dalla III colonna russa.

2ª Brigata GdB Victor Levasseur

18° regg. di Linea 2 btg 1507 – Col. Jean Baptiste Ambroise Ravier

75° regg. di Linea 2 btg 1532 – Col. François L'Hullier

Battaglione leggero corso (Tirailleurs Corse) 1 btg 635 – Col. Philippe Antoine Ornano

3ª Colonna russa GL lgnatii Yakovlevich Przbishevski

Avanguardia GM Ivan Ivanovich Miller-III

7° regg. Jäger (Eger) 2 btg. (I e II) 823 (il III battaglione era distaccato alla I Colonna dal 29 novembre) - Shef GM Ivan Ivanovich Miller-III (Müller) – com. PK Pavel Piotrovich Tolbukhin, che si trovava al comando del distaccamento della I Colonna

8° regg. Jäger (Eger) 1 btg. (III) 286 distaccato dalla II Colonna la mattina del 2 dicembre – com. PK Vassili Danilovich Laptjev, che comandava la maggior parte del reggimento con la II Colonna.

Compagnia Pionieri Virubov 160 uomini

Corpo principale GM Fiodor Borisovich Strik

Regg. Moschettieri Galitz o Halycz 3 btg. 1487 - Shef GM Ivan Antonovich Loshakov – com. PK Yakovlev Andrejevich Voeikov

Regg. Moschettieri di Butyrsk 3 btg 2055 - Shef GM Fiodor Borisovich Strik, comandante la brigata – com. PPK Mikhail L'vovich Treskin

Regg. Moschettieri di Narva 3 btg 1921 - Shef GL Iosip Vasilievich Rotgof (forse assente) – com. ??

Artiglieria d'appoggio 18 cannoni da battaglione

Riserva GL Georg Fridrik Baron Wimpfen

Regg. Moschettieri di Podolsk 3 btg 799 - Shef GM Mikail Ivanovich Levitzkii – com. PPK Nechaev-II

Regg. Moschettieri di Azov 3 btg 996 - Shef GM Aleksei Abramovich Selekhov – com. PPK Otto Vladimirovich Shtakel'berg

Artiglieria d'appoggio: 12 cannoni da battaglione.

Kobylnice (Kobelnitz): Kobylnice, nel 1805, era un villaggio di poche case. Fu sede di numerosi riordini di svariate unità francesi. Il fianco destro del generale Levasseur proteggeva l'ala destra della divisione Saint-Hilaire, vicino a Kobylnice durante l'attacco al Pratzen, guidato da Soult. Al mattino parte della divisione granatieri di Oudinot venne in appoggio vicino alla fagianeria, mentre la parte principale si diresse contro le truppe di Przbishevski. A fine battaglia le truppe di Saint-Hilaire, Vandamme, e la Guardia ruotarono a sud verso il Pratzen e circondarono Buxhöwden. Tra le 15 e le 16, Przbishevski tentò di uscire dalla sacca a nord, ma fu respinto dai granatieri francesi, restando poi assediato nel villaggio di Dvorska.

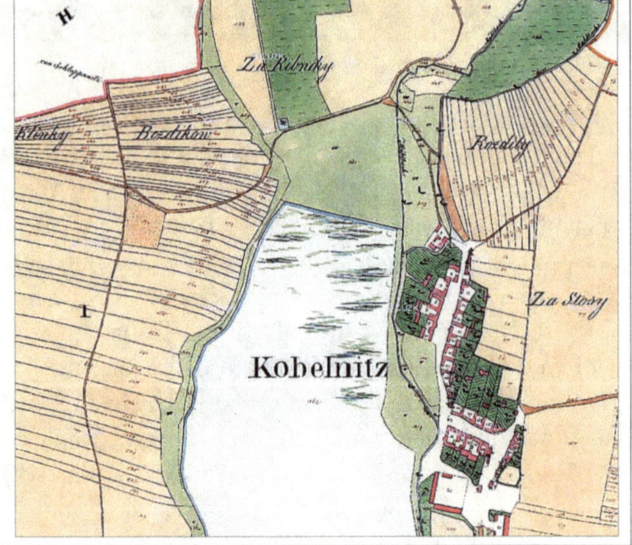

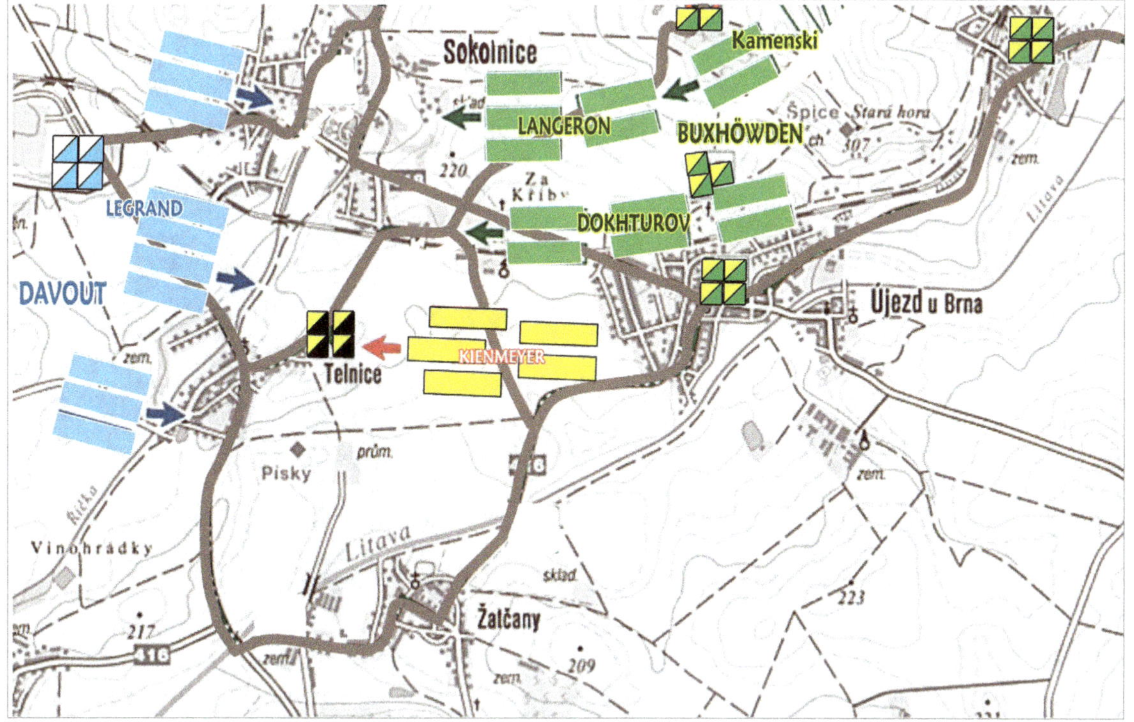

ALA DESTRA FRANCESE O SETTORE SUD

L'ala destra francese era schierata nei pressi dei villaggi di Sokolnice (Sokolnitz) e Telnice (Telnitz), non lontano dalla strada che da Brno porta a Vienna.

> **Sokolnice –Ujezd u Brna (Sokolnitz –Augezd) Il settore sud della battaglia**. Il mattino del 2 dicembre la battaglia inizia a Sokolnitz e Tellnitz. Le colonne alleate di Dockhturov, Langeron e Przbishevski attaccano l'ala destra francese. La battaglia francese si rinforza, alle 9, con l'arrivo del corpo di Davout da Rajhrad (Raygern) e Rebesovice (Rebeschowitz). I Francesi s'impegnano in una difesa flessibile, prevenendo qualsiasi sfondamento degli alleati. Alle 12 i francesi avanzano, alle spalle degli alleati, sul Pratzen e la battaglia termina tra le 15 e le 16.

> Sokolnitz si trova sul lato destro del Goldbach, undici chilometri a sud-est di Brno. La prima menzione scritta del villaggio risale al 1408. Le dinastie principesche dei Dietrichstein e Mittrovsky sono intimamente legate alla sua storia per aver posseduto per diverse generazioni il castello di Sokolnice. Esso è originariamente un forte rinascimentale che i Dietrichstein acquistarono, nel 1705, per 154000 fiorini. Il dominio di Sokolnice era formato da sei villaggi - Horákov, Kobelnice, Ponětovice, Sokolnice, Telnice e parte di Jiříkovice. A metà del XVIII secolo l'antico forte fu ricostruito come castello ad un piano con tre ali dall'architetto barocco Antonín Grim, che lo rifece in stile francese. Il castello di Sokolnitz, con la sua torre ddell'orologio, coronata da una croce latina, divenne comunque una costruzione abbastanza straordinario per la Moravia. I suoi ultimi nobili proprietari furono i Mittrovsky di Nemyšle, dal 1843 (diedero al castello il suo aspetto neogotico attuale dopo che era bruciato durante la battaglia. Oggi oespita una casa per pensionati. Sokolnitz, con il suo edificio centrale (castello), un palazzo, il granaio e la fagianeria era il centro della difesa sud francese. Qui le divisioni Legrand e Friant resisteranno contro ben tre colonne alleate (I-II-III dei generali Dokhturov, Langeron e Przbishevski. Dopo la battaglia il granaio, un edificio monumentale barocco, fu usato come prigione per circa 400 russi; dietro l'edificio i prigionieri seppellirono in una fossa comune i caduti.

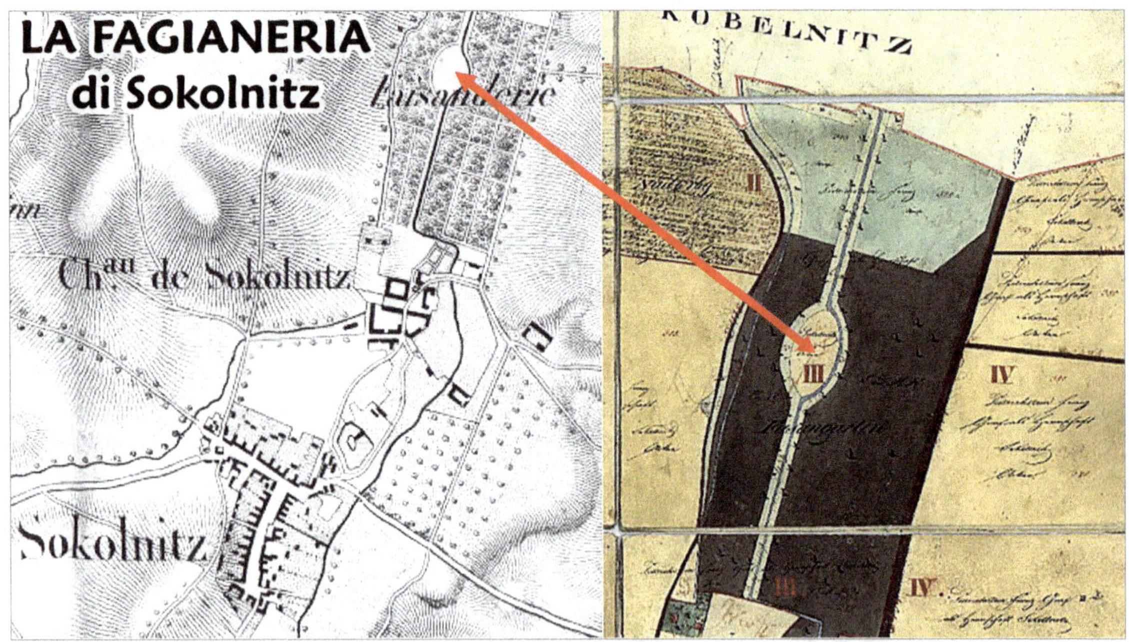

Sokolnitz la fagianeria – Il bel parco del castello è accessibile al pubblico, assieme alla sua riserva di caccia (la Fagianeria), dove passa il Golbach, e dove si trovano piante rare. La cappella del castello, dedicata all Elevazione della Santa Croce, è visitabile su richiesta. Fu consacrata nel 1750. La battaglia di Austerlitz è ricordata da una granata francese, in ghisa, murata nel muro della vecchia casa forestale del castello. La Fagianeria, che si trova nelle vicinanze, o meglio il muro di cinta del parco, costituisce oggetto di una vivaci discussioni tra storici. Si dubita dell'autenticità della posizione di tiro dei cinque cannoni francesi. Anche l'età del muro periferico è contestata - da alcune fonti pare fosse stato eretto nella seconda metà del XIX secolo (quindi non era là durante la battaglia di Austerlitz). Cinque croci o segni sul muro perimetrale della fagianeria, sul lato che dà verso Kobelnitz, segnano la posizione di cinque pezzi francesi. Non ci sono fonti attendibili che provino che i francesi avessero messo i cannoni in quei punti. Inoltre, dato il muro, i cannoni avrebbero dovuto sparare verso l'alto, una cosa inutile, e svantaggiosa, se il nemico avesse occupato la collina di fronte alla Fagianeria. D'altra parte è impensabile che i francesi potessero affrontare due colonne russe senza artiglieria.

3ª Divisione GdD Claude Juste Alexandre Legrand
1ª Brigata GdB Pierre Hugues Victoire Merle
26° regg. leggero 2 btg 1587 – Col. François René Pouget
3ª Brigata GdB Jean Baptiste Michel Féry
Battaglione leggero "Tirailleurs du Po" 1 btg 587- Col. Etienne Hulot
3° regg. di Linea 3 btg 1888 – Col. Laurent Schobert
Artiglieria – 14ª compagnia del 5° regg. a piedi 8 pezzi (2 cannoni da 8 lib. + 2 cannoni da 4 lib. + 2 obici da 6 pollici) (+ 2 cannoni da 8 libbre – distaccamento della 16ª compagnia del 5° regg.) – 213 u.
Brigata di cavalleria leggera GdB Pierre Margaron
11° regg. Chasseurs à cheval 3 sq. 317 – Col. Bertrand Bessières
26° regg. Chasseurs à cheval 3 sq. 331 – Col. Alexandre Elisabeth Michel Digeon
Distaccamento dell8° regg, Ussari 3 sq. 276 – col. Jean Baptiste Francheschi-Delosne
4ª compagnia del 5° regg. a cavallo - 5 pezzi da 8 libbre - 143 u.
Artiglieria di Corpo d'appoggio

17ª e 18ª comp. del 5° regg. a cavallo 6 pezzi da 8 libbre, 250 u. – Chef-de-Brigade Fontenoy

III Corpo Maréchal Louis Nicolas Davout

2ª Divisione GdD Louis Friant

Brigata d'avanguardia GdB Etienne Heudelet de Bierre

108° regg. di Linea 2 btg. 818 – Col. Joseph Higonet

15° regg. leggero 63 u. in 2 compagnie

1ª Brigata GdB Georges Kister

15° regg. leggero 2 btg. 754 – Magg. Jean Michel Geither

33° regg. di Linea 2 btg. 607 – Col. Jean Saint-Raymond.

2ª Brigata GdB Pierre Charles Lochet

48° regg. di Linea 2 btg. 633 – Col. Joseph Barbanegre

111° regg. di Linea 2 btg. 720 – Col. Jacques François Gay

Artiglieria 2ª Comp. del 7° regg. a piedi 6 pezzi (4 cannoni da 8 lib. + 2 obici) – 1ª Comp. del 5° regg. a cavallo 3 pezzi (2 cannoni da 8 lib. e un obice) – 286 u.

Cavalleria 1° regg. Dragoni 3 sq. 329 – Col. Jean Thomas Arrighi de Casanova (distaccato dalla 1ª div. Dragoni)

4ª Divisione Dragoni François Antoine Louis Bourcier

1ª Brigata GdB Jean Baptiste Antoine Laplanche

15° regg. Dragoni 3 sq. 338 – Col. Nicolas Martin Barthélémy

17° regg. Dragoni 3 sq. 364 – Col. Joseph Nicolas de St Dizier

27° regg. Dragoni 3 sq. 347 – Col. Denis Teyrere

2ª Brigata GdB Louis Michel Sahuc

18° regg. Dragoni 3 sq. 334 – Col. Charles Lefebvre-Desnouettes

19° regg. Dragoni 3 sq. 412 – Col. Auguste Jean Gabriel Caulaincourt

Artiglieria 3ª Comp. del 2° regg. a cavallo 3 pezzi (2 cannoni da 8 lib. e un obice) 88 u.

Telnice (Tellnitz, vicino alla strada): non lontano da un sottopassaggio ferroviario, lungo la strada tra Sokolnice e Telnice, c'era la punta dell'ala destra francese, protetta dalla riva di un torrente, allora detto il "Goldbach" o Zlatý potok. Davout schiera le sue truppe, partite da Vienna il 29, direttamente durante la marcia. Secondo gli ordini di Napoleone dovevano fare una difesa flessibile, arretrando, quando necessario, in modo da evitare accerchiamenti. Qui sulle rive del Goldbach combatterono anche le divisioni Legrand e quella di cavalleria di Bourcier, contro il FML austriaco Kienmayer e i generali russi Dokhturov e Langeron.

Nella parte nord di Telnitz c'è un quartiere detto "Na lopatě" (sopra le pale). Qui ci fu una scaramuccia violenta tra il capitano degli Ussari, austriaco, Lažanský e i tirailleurs francesi.

Left Wing GL Fiodor Fiodorovich Buxhöwden

Il comandante dell'ala sinistra alleata o delle prime tre colonne (i russi lo pronunciavano Buksghevden)

2ª Colonna russa GL Alexander Andrault de Langeron

Avanguardia PK Vassili Danilovich Laptev

8° regg. Jäger (Eger) 2 btg. (I e II) 572. Il III btg. era stato distaccato alla 3ª colonna alle 9 di mattina del 2 dicembre – com. PK Vassili Danilovich Laptev

Compagnia Pionieri Berg 160 u.

Corpo principale GM Zakhar Dmitrievich Olsufiev-III

Regg. Moschettieri di Vyborg 3 btg. 2052 - Shef GM Zakhar Dmitrievich Olsufiev-III, comandante la brigata – com. PPK Egor Maksimovich Pillar

Regg. Moschettieri di Perm 3 btg. 2047 - Shef GL Georg Fridrik Baron Wimpfen, comandante una brigata della 3ª colonna – com. PK Andrei Andrejevich Kuznetsov

Regg. Moschettieri di Kursk 3 btg. 2032 - Shef GL Ignatii Yakovlevich Przbishevski, comandante della 3ª colonna – com. PK Aleksei Matvjejevich Seleventov

Artiglieria d'appoggio: 18 cannoni da battaglione (cannoni da 6 lib. o Unicorni da 10 lib.)

Brigata di riserva GM Sergei Mikailovich Kamenski-I

Regg. Moschettieri di Ryazan 3 btg. 2054 - Shef GL Aleksei Fedorovich Lanzheron o "Langeron" comandante della 2ª colonna – com. PPK Bogdanov

Regg. Moschettieri di Fanagoria 3 btg. 2042 - Shef GM Sergjei Mikailovich Kamenski-I comandante la brigata – com. ??

Artiglieria d'appoggio 12 cannoni da battaglione (cannoni da 6 lib. o Unicorni da 10 lib.)

Cavalleria d'appoggio PPK Mikail Dmitriyevich Balk distaccata dalla 5ª colonna la mattina del 2 dicembre

Regg. Dragoni di San Pietroburgo 2 sq. IV e V sq. (parte della 5ª colonna)

Regg. Cosacchi Issaiev 1 sq. (parte della 5ª colonna)

Hostěrádky-Rešov (Hostieradek – Reschow) In pratica due villaggi indipendenti sul versante della Vecchia Collina (Stará hora). Nei pressi erano schierati i soldati dell'avanguardia di Dokhturov, di fronte a Sokolnice e Kobylnice. La colonna austriaca del generale Kienmayer, formata da Grenzer, era più a sud. Il generale russo Langeron era schierato sul versante nordovest. Dopo le 7 del mattino Dokhturov lasciava il Pratzen per scendere su Hostieradek e Augezd, verso Tellnitz.

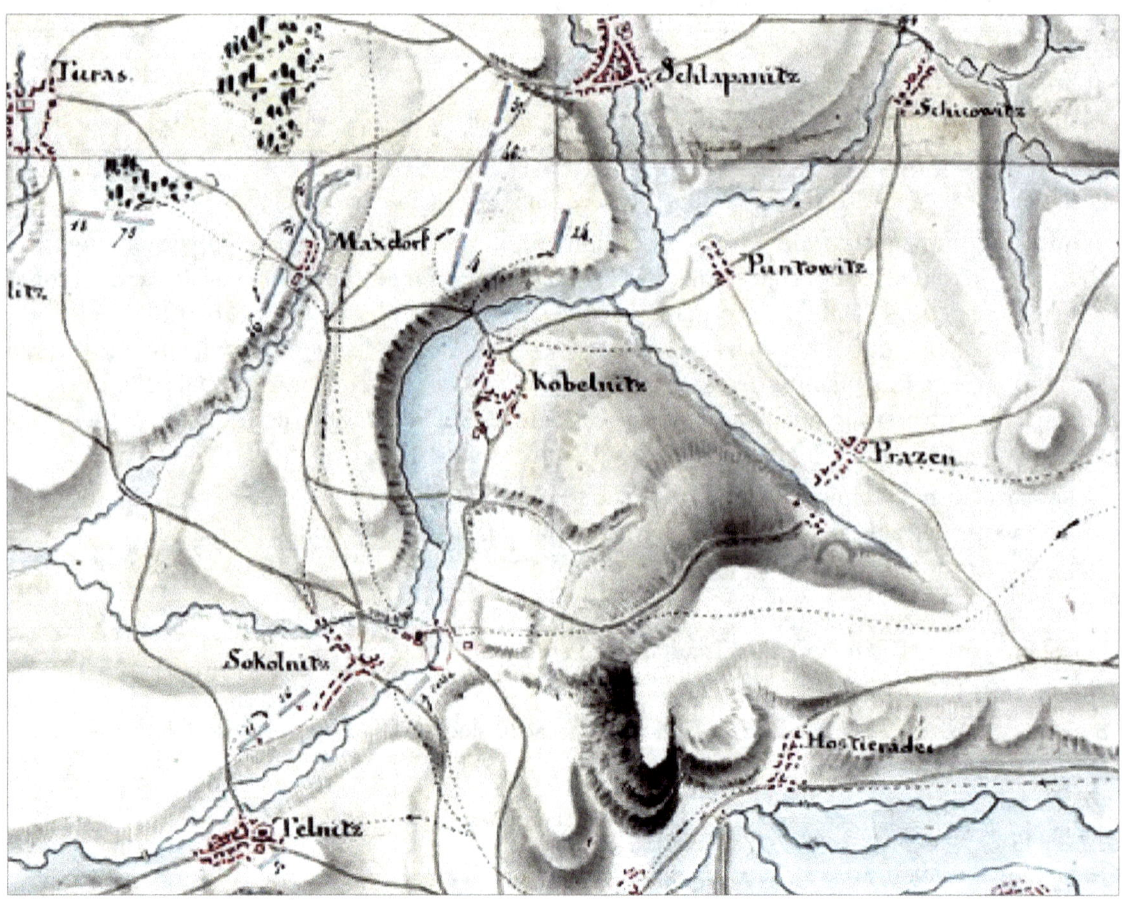

▲ Carta tratta della battaglia tratta da ricognizioni

La Cappella di Sant'Antonio. Poco dopo mezzogiorno i francesi occuparono l'altopiano di Pratzen e i combattimenti cessarono nel settore centrale del campo di battaglia. Le divisioni di Napoleone iniziarono ad avanzare verso sud-ovest. Napoleone stesso incontrò lo Staff del maresciallo Soult presso la cappella di Sant'Antonio di Padova, sulla collina sopra Augezd (Újezd u Brna). Da lì osservò il ritiro delle truppe alleate nel pomeriggio. Era così contento del risultato della fine trionfale della battaglia che abbracciò il maresciallo Soult, una cosa piuttosto straordinaria per Napoleone.

▲ La zona degli stagni gelati

1ª Colonna russa GL Dmitrii Sergjejevich Dokhturov-I

Avanguardia GM Ivan Ivanovich Miller-III

7° regg. Jäger (Eger) 1 btg. (III) 413 distaccato dalla 3ª colonna il 29 novembre - Shef GM Ivan Ivanovich Miller-III comandante la brigata della 3ª colonna – com. PK Pavel Piotrovich Tolbukhin

5° regg. Jäger (Eger) 1 btg. (III) 396 3rd Battalion. I btg. I e II erano distaccati all'avanguardia di Bagration dal 29 novembre - Shef PK Fiodor Grigorjevich Gogel – com. Magg. Fiodor Ivanovich Pantenius comandante il corpo principale del reggimento

Compagnia pionieri Kudzevich 160 u.

Brigata GM Fiodor Fiodorovich Leviz

Regg. Moschettieri del Novoingermanland 3 btg. 1787 - Shef e com. GL Ivan Karlovich barone Rozen

Regg. Moschettieri di Yaroslav 3 btg. 1337 - Shef GM Fiodor Fiodorovich Leviz (Löwis) comandante la brigata – com. PPK Osip Karlovich Sokolovsky

Artiglieria d'appoggio: 12 cannoni da battaglioni.

Brigata GM Nikolai Ivanovich Liders

Regg. Moschettieri di Vladimir 3 btg. 1543 - Shef GM Sergjei Kornilovich Shevliakov – com. PPK Timofei Ivanovich Zbievsky

Regg. Moschettieri di Bryansk 3 btg. 1311 - Shef GM Nikolai Ivanovich Liders, comandante la brigata – com. PPK Nikolai Kirillovich Rubanov-I

Artiglieria d'appoggio: 12 cannoni da battaglioni.

Brigata GM Nikolai Iurévich principe Urusov-I

Regg. Moschettieri di Vyatka 3 btg. 1289 - Shef GM Nikolai Iurévich principe Urusov-I, comandante la brigata – com. PK Bibikov

Regg. Moschettieri di Mosca 3 btg. 1637 - Shef GL Dmitrii Sergjejevich Dokhturov, comandante la 1ª colonna – com. PK Nikolai Simionovich Sulima

Regg. Granatieri di Kiev 3 btg. 1172 - Shef GL Karl Fridrik prince Saksen-Veimarsky (Sachsen-Weimar) "Onorario" – com. GM Ivan Nikitich Inzov, generale di Giornata

Artiglieria d'appoggio 16 cannoni da battaglione

Artiglieria pesante PK conte Yakov Karlovich Sivers – Batteria da posizione del 3° regg. d'artiglieria 12 pezzi, 250 u. - PK conte Sivers - Batteria da posizione del 3° regg. d'artiglieria 12 pezzi, 250 u. - Maior Sigizmund

Cavalleria d'appoggio – Regg. Cosacchi del Don Denissov 2 sq. 200.

Avanguardia sinistra austriaca FML Michael barone von Kienmayer

Brigata di cavalleria GM Johann Nepomuk Nostitz

4° regg. Ussari Hessen-Homburg 6 sq. 225 - Oberst Johann Freiherr von Mohr

2° regg. Ulani Schwarzenberg – mezzo sq. 100 dal deposito reggimentale

1° regg. Ulani Merveldt mezzo sq. 40 dal deposito reggimentale

Brigata di cavalleria GM Moritz barone Liechtenstein

11° regg. Ussari Székler 5 sq. 500 - Oberst Gabriel Geringer von Oedenburg

Brigata di cavalleria GM Karl barone von Stutterheim

3° regg. cavalleggeri O'Reilly 8 sq. 900 - Oberst Friedrich conte Degenfeld-Schonburg

Artiglieria d'appoggio batteria a cavallo austriaca 4 pezzi 125 u. - Oberst Degenfeld

Brigata di fanteria GM Carneville

15° regg. Grenzer o II Székler 2 btg 1100 - Oberst Johann Chevalier Grammont

14° regg. Grenzer o I Székler 2 btg. 1000 - Oberst Georg Ritter von Knesevich morirà a causa delle ferite riportate ad Austerlitz il 10 gennaio 1806

7° regg. Grenzer di Brod 1 btg. 500 - Oberstleutnant Desullenovich

Artiglieria d'appoggio : 8 cannoni di battaglione

Distaccamento Oberstleutnant Rakovsky

Non fu capace di raggiungere la colonna e si limitò a coprire la ritirata della 4ª colonna

4° regg. Ussari Hessen-Hornburg 2 sq. 75 - Oberstleutnant Rakovsky

11° regg. Ussari Székler 1 sq. 100

Žatčany – Újezd (Satczan o Satschan– Augezd): il paesaggio sotto il pendio sud del Pratzen passa a sud e sud-ovest in un'ampia pianura che, al tempo della battaglia, era coperta da due grandi stagni - vicino ai villaggi di Mönitz (Měnín) e Satschan (Žatčany). Il primo, con i suoi 514 ettari, costituiva una delle più grandi falde acquifere della Moravia. Dopo mezzogiorno gli alleati si ritirarono precipitosamente lungo gli stagni gelati di Žatčany (Satschan) e Měnín (Mönitz), attraverso Augezd in direzione di Austerlitz ed Hodonín. Napoleone aveva una bella vista, dalla cappella di S.Antonio, in direzione sud e vedeva bene le tre colonne russe nella valle, attaccate su entrambi i lati da masse di soldati francesi. In quella zona l'altopiano del Pratzen cambia (sopra Újezd) nome in Stará hora (vecchia montagna). Nel pomeriggio tutta la cresta dell'altopiano fu invasa da migliaia di soldati francesi. Verso la fine della battaglia fecero la stessa discesa che avevano fatto gli alleati la mattina. Questi ultimi si ritrovarono bloccati come in una trappola. Dal settore nord dell'altopiano, masse di soldati si stavano avvicinando - la divisione di Saint-Hilaire e Vandamme, la divisione dragoni di Boyé e sei battaglioni di granatieri di Oudinot.

Nel settore di fronte Davout, con la divisione Friant vicino a Tellnitz e Sokolnitz, premeva contro i russi, scatenandone il panico. Le vie di fuga erano piuttosto ristrette ed i francesi li attaccavano da due direzioni. Chi ebbe più fortuna e forza, si aprì una strada verso sud. Ma c'era un ostacolo sgradevole e complicato - entrambi gli stagni.

La ritirata della colonna Dokhturov, lungo gli stagni gelati, fu tormentata dai cannoni francesi ormai piazzati alla della cappella di Sant'Antonio di Újezd. Dissero che i colpi spaccassero il ghiaccio e molti affondassero nella melma gelata. Le truppe di Confine (Grenzer) di Kienmayer, schierate lungo la valle del Littawa, proteggevano la ritirata. L'esame del fondo degli stagni, dopo la battaglia, smentì le centinaia di morti nemiche, dichiarate dalle fonti francesi.

Ciononostante la leggenda dei morti negli stagni finì per essere fatale alla pesca locale; così gli stagni furono prosciugati. I fondi prosciugati divennero un luogo propizio per la coltivazione della barbabietola e del grano.

Augezd o Újezd u Brna si trova a 15 chilometri a sud-est di Brno ed è uno dei villaggi più antichi della regione. La pietra della cava locale della "vecchia montagna" fu utilizzata per la costruzione del Monumento della Pace. La cappella di Sant'Antonio da Padova si erge sopra il villaggio. Dopo la battaglia di Austerlitz, lo stato della cappella peggiorò gradualmente fino al 1841, quando fu abbattuta. Fu ricostruita 49 anni dopo. Anche lo storico francese e futuro presidente della III Repubblica francese Louis Adolphe Thiers, che aveva visitato personalmente Újezd, volle partecipare alla sua ricostruzione. Oggi si può anche visitare il luogo in cui Napoleone osservò la fine della battaglia, nonostante i boschi che ostruiscono un la vista.

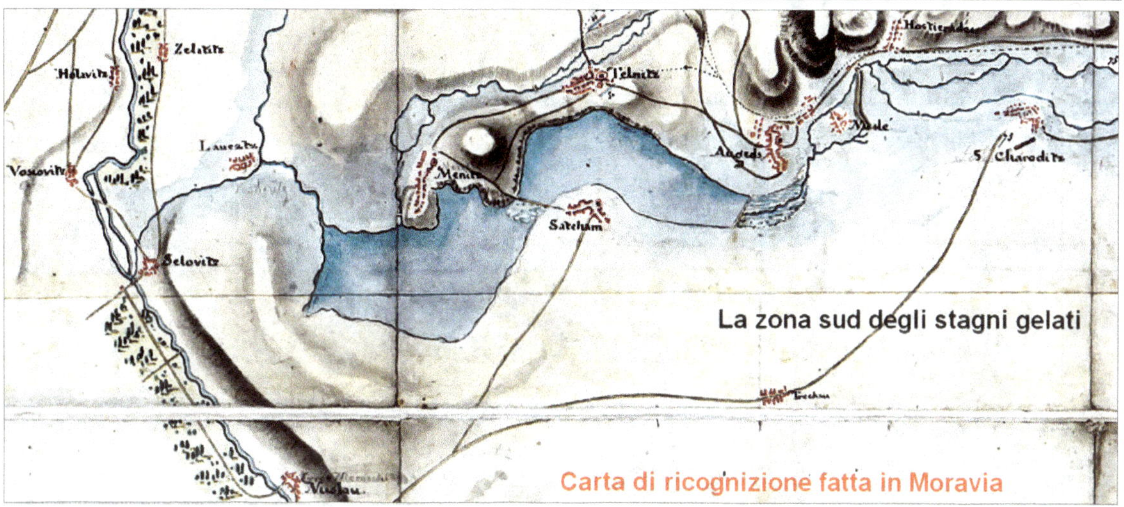

Carta di ricognizione fatta in Moravia

▲ Il generale Kutusov, comandante delle truppe alleate, si inginocchia di fronte alle insegne sacre.

▲ La gloria di Austerlitz di François Gérard.

TAVOLE

I SOLDATI DI AUSTERLITZ

FRANCIA TAVOLE DI NADIR DURAND

RUSSIA TAVOLE DI A.V.VISKOVATOV

AUSTRIA TAVOLE DI OTTENFELD

▲ Francia granatiere della Guardia e soldato di fanteria.

▲ Francia artigliere di linea e artigliere a cavallo della Guardia.

▲ Francia ussari a cavallo di linea.

▲ Francia corazziere e dragone di linea.

▲ Russia fanteria con cappotto.

▲ Russia granatieri della Guardia

▲ Russia cavalleria dragoni.

▲ Russia cavalleria corazzieri.

▲ Austria fanteria in combattimento.

▲ Austria fanteria di linea.

▲ Austria Dragoni a cavallo.

▲ Austria corazzieri a cavallo

BIBLIOGRAFIA

- Alombert, P. C. and J. Colin, *Campagne de 1805 en Allemagne, 5 Vols in 7*; Paris: Chapelot, 1902-8. *The revised edition includes a new 5th volume*

- *Austerlitz, Recits de soldats*, Collection Épopée ed. da Robin Pierre d Christophe Dufourg Burg, Bernard Giovanangeli Editeur, 2006.

- Béraud, Stéphane, *La revolution militaire napoleonienne, VOL. I « Les Manœuvres »*, Bernard Giovanangeli Editeur, 2007.

- Béraud, Stéphane, *La revolution militaire napoleonienne, VOL. II « Les Batailles »*, Bernard Giovanangeli Editeur, 2015.

- Bülow, Dietrich, *Die Feldzug von1805 ; militärisch=politisch betrachtet*, vol. I, pubbl. in proprio, 1805.

- Castle, Ian, *Austerlitz. Napoleon and the Eagles of Europe*, Pen & Sword Military 2018.

- Colin, Jean, *La Campagne de 1805 en Allemagne*, Review d'Histoire,1905-8.

- Drouet d'Erlon, Jean-Baptiste, *Le Marechal Drouet, Comte d' Erlon : vie militaire*; Paris: G. Barba, 1844

- Duffy, Christopher, *Austerlitz 1805*; London: Seeley Service, 1977

- Garnier, Jacques, *Austerlitz 2 Decembre 1805*, Fayard 2005.

- Goetz, Robert, 1805Austerlitz - Napoleon and the Destruction of the Third Coalition, Greenhill Books London 2005.

- Hanak, Jaromìr, *Guide to the Area of the Battle of Three Emperors*, Ave Brno 2015.

- Kriegs Archiv, Wien, *Kriege unter der Regierung des Kaisers Franz: Krieg gegen die franzöische Revolution*, 2 vols. (Vienna, 1905).

- La Moravie de Napoléon, in < https://www.morava-napoleonska.cz/fr/ >.

- Langeron, Alexandre Andrault de, *Journal Inedit de la Campagne de 1805: Austerlitz*, With Karl Freiherr von Stutterheim, Mikhail Hilairionovich Golenistchev-Kutusov, Relations de la Bataille d'Austerlitz; Paris: La Vouivre, 1998.

- Larrey, Dominique-Jean, *Mémoires de Chirurgie Militaire et Campagnes*, 4 vol., Paris, 1812-1817.

- Mayerhoffer von Vedropolje, Eberhard, *1805, Der Krieg der 3. Koalition gegen Frankreich*, Seidel u. Sohn, Vienna 1905.

- Mikhailovski-Danilevski, A. (trad. dal ten. gen. Leon Narischkin), *Relation de la Campagne de 1805*; Paris: J. Dumaine, 1846.

- Mikaberidze, Alexander, *The Russian Officer Corps in the Revolutionary and Napoleonic Wars, 1792-1815*; New York: Savas Beatie, 2005.

- Moritz von Angeli, "Ulm und Austerlitz," in *Mitteilungen des k.u.k. Kriegs Archivs*, III (1878): 283-394

- Podmazo, Aleksandr, „*Shefy I Komandiry Regularnykh Polkov Russkoi Armii, 1796-1815*";

- Rüstow, Wilhelm, *Der krieg von 1805 in Deutschland und Italien*; Frauenfeld: Verlags-Comptoir, 1853.

- Six, Georges, *Dictionnaire Biographique des Generaux et Amiraux Français de la Revolution et de l'Empire (1792-1814)*, 2 Vols; Paris: Gaston Saffroy, 1934; facsimile reprint 1974

- Sokolov, Oleg, *Austerlitz, Napoléon, l'Europe et la Russie*, Commios, 2006.

- *Souvenirs de guerre du Général Baron Pouget*, pubblicato da Mme de Boideffre nata Pouget, Paris, Librairie Plon, 1895.

- Stutterheim, Major-General [Karl], *A Detailed Account of the Battle of Austerlitz*; Cambridge: Ken Trotman, 1985.

- Thiébault, Paul Charles François, *Mémoires du Général Baron Thiébault*, 5 vol. Paris, Plon 1893-95.

- Uhlíř Dušan, *Bitva Tří císařů, Slavkov/Austerlitz 1805*, Ave Brno 1999.

- Vanicek, Frantisek, *Specialgeschichte der Militärgrenze, aus Originalquellen und Quellenwerken geschopft*; 4 vol., Vienna: Kaiserlich-Koniglichen Hof- und Staatsdruckerei, 1875.

- Vasil'ev, A., „*Russkaya Gvardiya v srazhenii Pri Austerlitse, 20 Noyabrya (2 Dekabrya) 1805 g.*" Voin Nos 3 &. 4; <http://www.genstab.ru/voin/auster 0 l .htm>.

- Viskovatov, *Istoricheskoe Obozrenie Leib-Gvardii Izmailovskago Polka, 1730-1850* GG; St Petersburg: 1850.

- Viskovatov, A. V. (traduzione di Mark Conrad), *Historical Description of the Clothing and Arms of the Russian Army: Volume 1 Oa, Organization 1801-1825*; Hopewell, NJ: On Military Matters, 1993.

testo originale russo at <http://www.museum.ru/museum/1812/Army/Viskowatov/index.html>. St Petersburg, 1851.

- Viskovatov, *raccolta completa e ricolorata di 22 volumi interamente dedicato alle Truppe Russe del periso napolenico. Traduzuione originale di Mr. Conrad.* Luca Cristini Editore 2015 Bergamo

- Wagner, Walter, *Von Austerlitz bis Königgrätz, Österreichische Kampftaktik im Spiegel der Reglements 1805 – 1864*, Studien zur Militärgeschischte, Militärwissenschaft und Konfliktforschung, Biblio Verlag, Osnabrück 1978.

- Wrede, Alphons, *Geschichte der K. und K. Wehrmacht*, Vols 1-6; Vienna: L. W Seidel &. Sohn, 1898-1901.

▲ Cavalieri della Guardia russa al comando di Repnin, durante uno scontro nella battaglia di Austerlitz.

INDICE

▲ Tomba memoriale del Generalmajor Franz Jurczik (1758-1805) comandava in battaglia una brigata di reclute inesperte, soldati austriaci, cechi e moravi che si fermarono di fronte a una fanteria francese di veterani dimostrando coraggio nel voler difendere il Pratzen. Il generale fu ferito gravemente nella battaglia morendo in ospedale circa due settimane dopo.

TITOLI PUBBLICATI - ALREADY PUBLISHING

POLISH SOLDIERS DURING THE NAPOLEONIC WARS

AUSTRIAN ARMY DURING THE NAPOLEONIC WARS 1813-1818

NAPOLEONE I

SPANISH SOLDIERS DURING THE NAPOLEONIC WARS 1797-1808

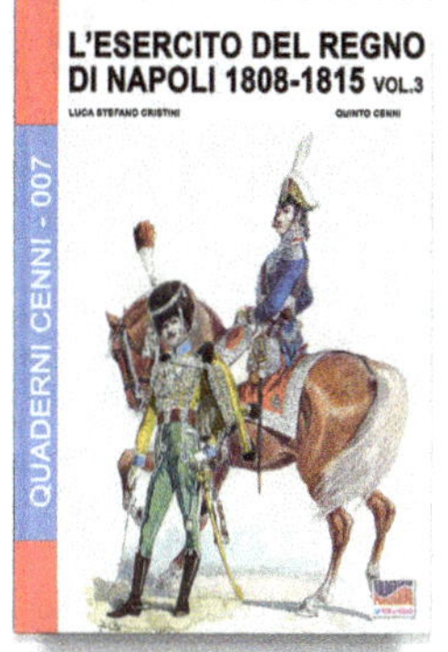

L'ESERCITO DEL REGNO DI NAPOLI 1808-1815 VOL.3

I SOLDATI ITALIANI CON NAPOLEONE 1796-1815

UNIFORMS OF RUSSIAN ARMY DURING THE NAPOLEONIC WAR

UNIFORMS OF RUSSIAN ARMY DURING THE NAPOLEONIC WAR

THE 1799 CAMPAIGN IN ITALY -1

THE 1799 CAMPAIGN IN ITALY - 2

THE 1799 CAMPAIGN IN ITALY - 3

THE 1799 CAMPAIGN IN ITALY - 4

THE AUSTRIAN ARMY 1805-1809 - vol.1

THE AUSTRIAN ARMY 1805-1809 - vol.2

THE AUSTRIAN ARMY 1805-1809 - vol.3

EYLAU 1807 L'AQUILA NELLA TORMENTA

BATTLEFIELD 027